メガバンクで11年働いたけど

世界一やさしい お金の貯め方 教えます

はっとり
漫画／ユリカ

KADOKAWA

はじめに

２００９年、リーマンショックの直後に、新卒で三井住友銀行に就職しました。それから11年勤め、２０２０年、コロナショックと同時に33歳で独立しました。そんな僕は、銀行員時代、営業成績はトップで頭取表彰を受けたり、新卒の採用チームのヘッドをしたり、同期の中でいち早く海外駐在を果たしたりするなど、ありがたいことに誰もが羨ましがるキャリアでした。

しかし、そんなキャリアを捨ててまで独立を決心できたのは、20代からお金の勉強をし、資産運用をコツコツと続けてきたからです。当時の上司からは「お前なんて成功しないからな」なんて言われましたが、お金の貯め方・増やし方を知っているプロだからこそ、どんなことがあっても生きていける自信がありました。

銀行員時代から14年間、自分自身の投資経験も生かし、金融のプロとして延べ２千人以上のお金の相談にのってきました。もっと多くの人に「お金」の大切さを知ってもらいたいと思って始めたＴｗｉｔｔｅｒ(https://twitter.com/

Hattori_bkk)は、たった1年で13万人にもフォローされました。

コロナショック以降、個人の資産形成の重要性がますます高まっています。これまで終身雇用が当たり前とされてきた大企業でさえも、大規模なリストラを行ない、「大企業に就職すれば一生安泰」という時代は終わりました。これからは自分でお金を稼ぎ、自分の力でお金を貯め、そして、増やす時代です。

そうはいっても「何から始めていいかわからない」という方へ。本書では、ライフスタイルの異なる3人の女性が、それぞれ自分に合った「お金の貯め方」を見つけるというストーリーを漫画形式で展開することで、『一生困らないお金の貯め方』を〝世界一わかりやすく〟お届けします。

お金を貯める方法は、その人が理想とするライフスタイルによって大きく異なります。本書を通じて、少しでも多くの人にお金の基礎知識を身につけていただき、ご自身の『好きに生きる』人生を手に入れてほしいと思います。

プロローグ　はっとりさんとの出会い

石垣島
ガラガラガラ
着いたー!!
やった！めっちゃ晴れてる
早くホテル行こうよ～！
私たちは高校のときからの仲良し3人組
進学した大学も職業もみんな違うけどなんでも話せる最高の友達
あっちがタクシー乗り場みたい
キャッキャッ
今回は高校卒業20年を記念して久しぶりに3人で旅行に出かけた

バフ
ヤダ！修学旅行のときと全然変わってない
まだまだ若いってことだよ
子育てからの解放感かも
ねぇ　さっそく体験ダイビング予約しに行かない？
だね！私ネットで調べておいたよ
さすがバリキャリ！
これこれ　GoGo DIVERS
GoGo DIVERS
体験ダイビン
ブログ
お問い合わせ
ザブン

すっご〜〜く キレイだった
沖縄でダイビングのインストラクターなんていいなあ
憧れちゃう
インストラクターのはっとりです!
喜んでもらえてよかったです 僕はキレイな海でダイビングがしたくて石垣に移住したんですよ
すごい!
空いた時間にオンラインで仕事もしています
おもにお金のコーチングなんかですね
えええー!!!
それってウワサのFIRE!?
FIRE
Financial Independence, Retire Early
経済的自立と早期リタイアという意味

お金の悩みといえば私、このままで老後はやっていけるか…
年金もこれからもらえなくなるんでしょ?
2人は結婚してるんだからいいじゃん! 私なんて独身だよ
いちばん不安…
みなさん落ち着いて
まぁ　まぁ
明日僕休みなんでもし時間があったらくわしく教えますよ
本当ですか!?
ぜひお願いします
こうして私たちは運よくはっとりさんからお金について教えてもらえることになったのです

Chapter 3
つみたてＮＩＳＡはだまってやっておけ！

※この物語は取材を基に構成したフィクションです。
※つみたてＮＩＳＡやiDeCoの制度や利率、米国株をはじめとする投資益、各種ネットサービスなどの情報は２０２３年２月末現在のものです。
※予測で書いているため、実際の値動きとは異なる場合があります。

Chapter 6
資産を運用してみよう！

ブックデザイン／浜田純子　校正／根津桂子　新居智子　ＤＴＰ／茂呂田 剛（エムアンドケイ）
構成／上村絵美　編集／中野さなえ（ＫＡＤＯＫＡＷＡ）

登場人物

青田英樹

栄美の２歳年上の夫。中小企業のサラリーマン。子煩悩な優しいパパだが、お酒とゲームがやめられないという困った一面も。同僚と飲みに行くのが楽しみ。

青田栄美《えいみ》

38歳、元保育士。子どもが２人いる。出産をきっかけに退職し、現在は近所のカフェでパートをしている。少しドジだけど、明るく活発な性格。趣味は手芸。

はっとり

石垣島でスキューバダイビングのインストラクターをしながら、オンラインでお金のコーチングやコンサルティングを行なっている起業家。沖縄へ旅行に来ていた栄美、美子、椎奈と知り合い、３人が真剣にお金について考えるきっかけを作る。

佐藤椎奈《しいな》

38歳、独身。自由を好むマイペースな性格。現在は契約社員として働いている。K-POPアイドルにハマっており、韓国まで追いかけるほどアクティブに推し活を楽しんでいる。

鈴木 智《さとし》

美子の夫。美子とは大学のときの同級生。映画や音楽が好き。現在は、ブックデザイナーとしてデザイン事務所に勤務。センスがいいのに、自分に自信がないところがある。

鈴木美子《よしこ》

38歳、外資系企業に勤めるバリキャリ。周りから気が強そうと思われることも多いが、本当は友達思いで優しい心の持ち主。サイドFIREして、自然豊かな所でゆっくり暮らすのが夢。

Chapter 1

私たちの老後に必要なお金ってどれくらい？

3人の貯蓄額

次の日
相談に来ました！
このカフェ、フレッシュジュースがおいしいんですよ
うちには小学5年生と5歳の子どもがいるんですが
11歳
5歳
夫の英樹
夫が浪費家で同僚と飲みに行ってばっかりなんです
ゲームにも課金してるって愚《ぐ》痴《ち》ってたよね？
隠れてパチンコにも行ってるみたい
♪
ゲッ…！
それはお金が溶けますね失礼ですが年収は？
それを聞かないと判断できずで

夫の年収は普通のサラリーマンなんで500万円、私は扶養内のパートで129万円です
年収
500万
扶養
129万
貯蓄額も教えていただいていいですか？
友達の前だから恥ずかしいけど
520万円くらいです
我が家は私が外資系メーカー勤務で年収700万円 夫はブックデザイナーで年収500万円です
夫の智
貯金は600万円かな
アレ？
意外と少ない!?
あ、
マンションと車を買ったからか
そう 頭金で3000万円入れたの
マンションは中古をリフォーム
車は中古のベンツ
残りのローンも3000万円くらい
すご〜い！さすがバリキャリ!!

ギク
椎奈さんは？
…人と比べると恥ずかしいんだけど
契約社員で年収３００万円…独身です
キッパリ
失礼ですが、ご結婚の予定は？
ないです
この子ったらK-POPアイドルのJくんに夢中なんです
Jくん♡
キャー
アハハ
お給料のほとんどを推し活に使ってるから貯金も30万円しかないんだ〜
ズル
コホン
そ…そうですか

とりあえず皆さん
老後が心配ということですね
年金にも
期待できそうにないし
テレビで老後資金は夫婦で
2000万円必要って
言ってるじゃないですか
ゲ…
私絶対ムリ…
独身でも1300万円だって…
それは〝生活費〟
だけの不足分ですね
ビ
シ
老後にかかるのは
生活費だけじゃないですよ
たしかに
家の維持費に旅行代とか
かかるよね
孫や親戚の
子どもへ
御祝
お年玉
入学お祝い金
など…
そう
ギリギリの生活がイヤなら
僕の考えでは65歳までに
3000万円
独身なら1800万円
を目指したいところです
60歳で定年だけど
年金がもらえるのは
65歳からだし…
え〜〜〜

栄美の場合

栄美さんは現在の貯金が５２０万円だから あと２４８０万円貯めないと！
ってことは、うちの旦那は40歳だから あと20年か
現在
40歳 520万円
20年で 2480万円
目標
60歳 3000万円
つまり年に１２４万円 月に10万３３３３円の貯金が必要という計算になります
目標まで
あと
2480万円÷20年
年に
=124万円÷12
=10万3333円/月
え！ そんなに!!
生活費は毎月どれくらい使ってますか？
う〜んと…
多分 月40万円くらいかな…と
子どもがいると そんなにかかるの!?
ヒエ〜〜

生活費の内訳についてはあとで詳しく聞きますが、年に480万円ってことですね
生活費
40万円
×
12ヵ月
=480万円/年
旦那さんの年収が500万円ということは手取りで404万円ほど
そこに栄美さんのパート代129万円…税金が引かれて手取りは124万円
合計で528万円
手取り
ダンナ
404万円
+
エイミ
124万円
2人の所得
=528万円
じゃあ528万円から生活費の480万円を引くと…
1年で貯められるお金は48万円
今のままだと…
貯金
48万円/年
×
残り
20年
=960万円
このままだと20年間で960万円しか貯金できないってことか…
でも節約すればなんとかなるかな？
栄美さんは子どもがいるから教育費もかかりますよね？
チーン

大学4年間の教育費は
公立で255万円
私立で文系なら
387万円
理系ならなんと
542万円
奨学金を
借りるという
手もありますが…
大学の学費だけで
これだけかかります
255万円
387万円
542万円
ひえ〜
960万円
貯まるどころか…
マイナス…
お子さん2人ともまだ
小さいですよね？
これから1人につき
1000万円以上
かかりますよ
養育費も
ありますし…
老後に何も残らない
どころか、
大学を諦めてもらう
ことになるかも
ドス
で!でも…
これから夫の給料
上がるかもしれないし、
退職金もあるから…
フル
フル

それは絶対ですか？
ふる　ふる
しかも栄美さんは旦那さんの扶養に入っているから、これ以上パートは増やせない
そうなんです…
昔は保育士をやっていたから正社員に戻れば手取りで20万円くらいもらえるかもですけど、今は子育てを優先したくて
ママー
今は月10万円ちょっとです
でも月にあと10万円多く貯めれば10万円×12カ月×20年で2400万円も増えますよ
今のままなら
960万円
正社員になったら
3360万円
2400万円の差
そうすれば教育費についても悩まなくてすむのか…
うーん…

美子の場合

では次の人！
美子さんの場合は そんなに心配しなくても 大丈夫です
だって 美子さんだけでも 年収700万円、旦那さんも 年収500万円 あるんですよね
マジすごい！ うらやま～
手取りでも 美子さんは530万円、旦那さんは400万円くらいと 2人で930万円もありますよ
2人の所得
930万円÷12カ月 だから
月に
77万5000円
毎月の生活費は2人なので 40万円くらいかなぁ
美子の生活費
家のローン 106,000
車の維持費 50,000
水道光熱費 20,000
食費 60,000
外食 40,000
消耗品 10,000
保険（2人分） 25,000
通信費 13,000
夫のお小遣い 50,000
私のお小遣い 50,000
ゴールドカードの年会費（1カ月あたり） 1,000
合計 42万5000円
貯蓄型の生命保険＆入院保障
美子の分
家のローンは残り3000万円 変動金利0.475%で 25年払いです
だったら月に35万円ほど 貯金できる計算になるので、定年までの22年間で 9240万円ほど貯まりますよ
2人の月の所得 77万5000円
生活費 42万5000円
＝ 35万円
うわ～!! ほぼ1億じゃん！
めっちゃ余裕で暮らせそう
だったら 今のままでも いいんじゃない？

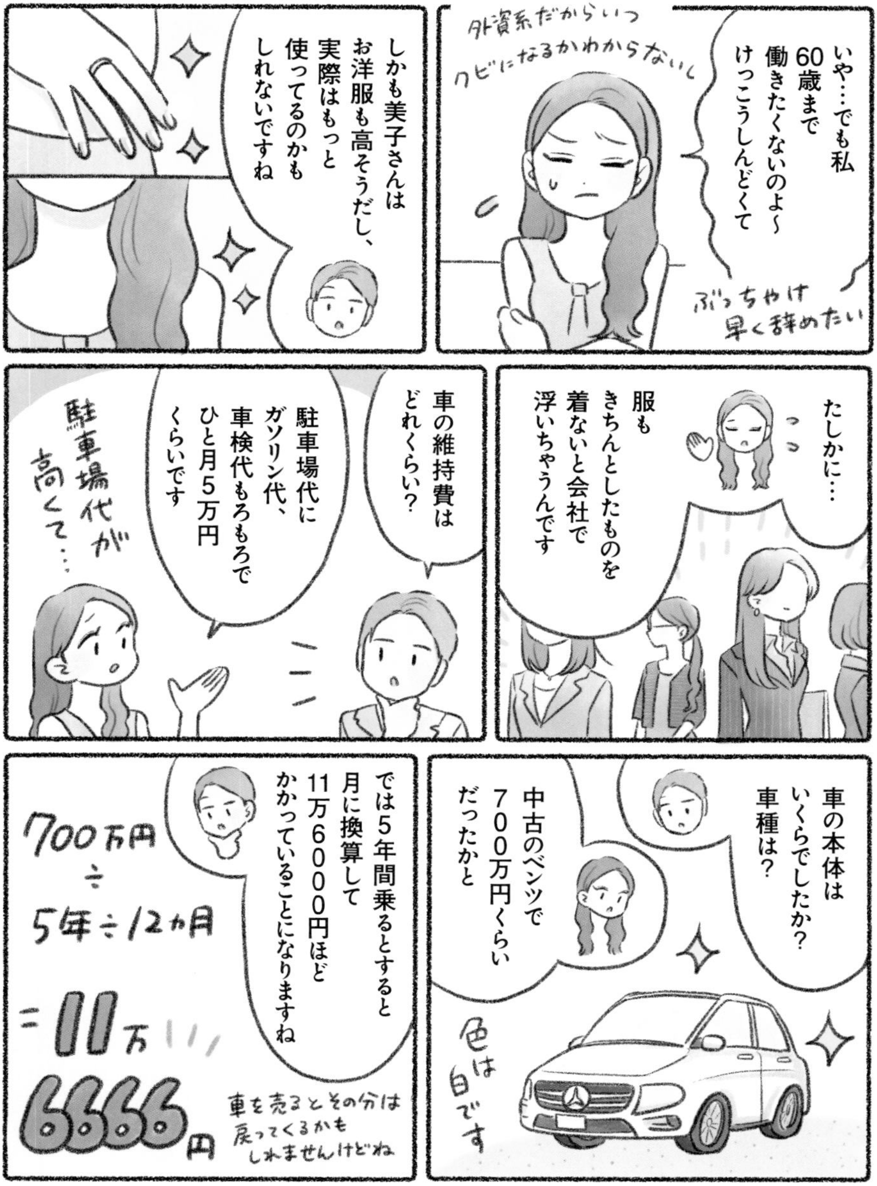
いや…でも私
60歳まで
働きたくないのよ～
けっこうしんどくて
外資系だからいつ
クビになるかわからないし
ぶっちゃけ
早く辞めたい
しかも美子さんは
お洋服も高そうだし、
実際はもっと
使ってるのかも
しれないですね
たしかに…
服も
きちんとしたものを
着ないと会社で
浮いちゃうんです
車の維持費は
どれくらい？
駐車場代に
ガソリン代、
車検代もろもろで
ひと月5万円
くらいです
駐車場代が
高くて…
車の本体は
いくらでしたか？
車種は？
中古のベンツで
700万円くらい
だったかと
色は
白です
では5年間乗るとすると
月に換算して
11万6000円ほど
かかっていることになりますね
700万円
÷
5年÷12カ月
=11万
6666円
車を売るとその分は
戻ってくるかも
しれませんけどね

車だけでひと月16万円以上かかってる！
私の生活費くらいある…
ヒイイ
もしも車の維持費がなければ年間プラスで60万円くらい貯められますよ
60歳で
1320万円
その分貯めれば60歳までの22年間で1320万円です
意識してなかったけどそれは大きいですね…
資産運用をしたことはありますか？
¥
その辺はまったくわからなくて…ずっと銀行の普通預金に入れたままです
うわ〜もったいないなぁ
先ほどの約9240万円と、車を乗らなかった場合に貯められる1320万円を足すと余裕で1億円を超えますね
60歳の定年までの貯金額
9240万円
+
車を持たない場合に貯められるお金
1320万円
1億560万円

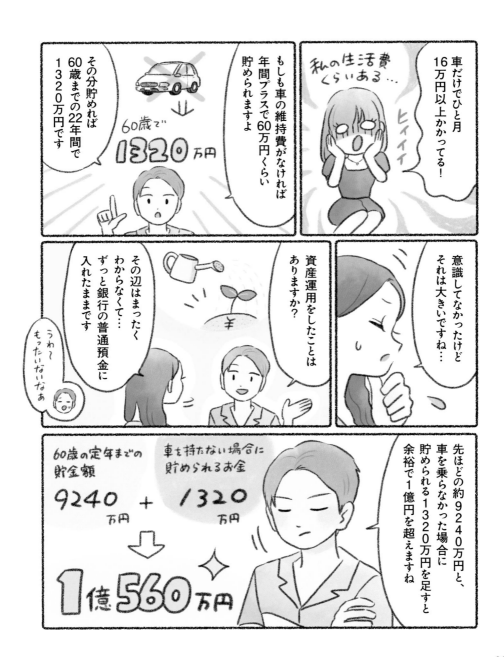

今のままでも問題ないけど、少し引き締めたり早めに貯めて資産運用すれば退職して好きなことをするのも夢ではないですよ
バーン
僕みたいにね
ちなみに資産運用で１億円を年利４％で回せるとしたらどれくらいの運用益になるかわかりますか？
ええと…
ムズカシイよ〜
計算は苦手…
４００万円です　税金がかかるので実際に受け取れる金額は３１８万７４００円ですが
税金で20.315％取られてしまう
私の年収くらい！
おお

椎奈の場合

私はもう絶望的ですね…契約社員で年収300万円くらいしかないです
ボーナスは？
ない…です…
…ということは月収25万円、手取りで21万4000円くらいですね
生活費はどれくらい使っていますか？
1カ月で18万円くらいだと思います
椎奈の生活費
家賃 74,000
水道光熱費 9,000
食費 40,000
外食 30,000
消耗品 5,000
通信費 9,000
美容代、服飾費 10,000
ペット保険 3,000
合計 18万0000円
東京の平均的なひとり暮らし世帯の数字だから問題ないですよ！
年収は自分だけの問題じゃないし！
どんより…
社会問題でもある！

毎月3万4000円ずつ貯金できるから、60歳までの22年間コツコツ貯めれば897万6000円
手取り
21万4000円 −
生活費
18万円
= 3万4000円
×
12カ月×22年
= 897万6000円
目標金額には届かないけど悪くないかもですね！
あとで説明しますけどつみたてNISAなどを活用してうまく運用すれば、60歳で1300万円という数字は意外と難しくない！
あのぅ…さっきもお伝えしましたけど貯金も今は30万円くらいしかなくて…
アレっ
5年前にご両親が亡くなったとき何百万円か相続したって言ってなかった？
そうそう！
実家は弟さんにあげた分、椎奈は現金をもらったんだよね

ヘヘッ
それも全部…使っちゃって…
えええええ
な…何に使ったんですか?
推し活です♡
もしかして生活費以外の3万4000円も推し活に使ってる?
にっこり
はい♡
そんなの老後が心配以前の問題だよ！マインドがなってない!!
…椎奈さんについては後で考えますね

みなさん
もっと危機感が
必要ですね
特に椎奈さん！
はい
我が家は将来的に
足りなくなって
しまいますね
今後お給料が増えたり
ボーナスや退職金が出たり
するかもしれない
でも、
必ず出る保証はない
老後に困らないためには
お金をなるべく
増やしたいですね
お金を増やすには
3つの方法があります
それは〝節約〟と〝副業〟
そしてお金ができたら〝投資〟
節約
副業
投資
子どもがいる栄美さんが
いきなり副業するのは難しい…
まずやってもらいたいのは
節約です
投資もお金がないと
できないですし

私たちの年金、これからどうなるの？

どんどん少なくなる年金受け取り額。年金なんてもらえないんだから払うだけムダという人もいますが、果たして本当なのでしょうか。

2023年現在
もらえるとされる
年金額

国民年金　年に約78万円（40年間納めた場合）

支払う保険料の総額
約788万円

つまり

11年目からトクになる!!

65歳から受け取るなら
76歳以降は払った額より
もらえます

ただし、
こんなリスクも…

● **2022年度から受給額が0.4%引き下げになった！**

物価や賃金の伸び率に合わせて年金額は調整されますが、2021年は物価が安かったために金額が下がってしまった。

● **支給開始年齢が上げられるかも…**

制度が開始されたときは、支給開始年齢は55歳。でも徐々に引き上げられ、今では基本的に65歳からになってしまった。

● **インフレが起こるかも…**

年金受給額は物価に合わせて改定されるが、その調整額が実際の物価高に追いつかないこともある。

＼さらに／
会社員&公務員なら厚生年金もプラスされる！

30年間厚生年金に加入した場合の概算

平均年収	もらえる金額（年額）
240万円	41万5000円
360万円	62万3000円
480万円	83万1000円
600万円	103万8000円
720万円	124万6000円

　年金の支給開始年齢は、基本的には65歳。60歳～75歳の間で変更することもできます。繰り下げ受給にしたほうが一度にもらえる金額が増えるのでおすすめという人もいますが、「老後に健康でいられる期間」はそう長くないと僕は考えるので、基本年齢の65歳で受け取るのがベターかなと思います。
　現在の試算では、国民年金は年間約78万円受け取れるとされています。支払う総額は約７８８万円なので、11年目からはトクになる計算。とはいえ、これまで徐々に受け取り金額が下がっていたり、支給開始年齢が引き上げられているという事実があるので、油断せずに老後資金はしっかりと貯めていったほうがよさそうです。

老後資金はどれくらい必要？

年金である程度の金額が受け取れるとしても、それだけで生活は成り立つのでしょうか。データから紐解いていきます。

老後に必要な1カ月あたりの平均生活費（単位：円）

	単身	夫婦
食料	36,322	65,789
住居	13,090	16,498
水道光熱費	12,610	19,496
家具・家事用品	5,077	10,434
被服	2,940	5,041
医療	8,429	16,163
交通・通信	12,213	25,232
教育	0	2
娯楽	12,609	19,239
その他	29,185	46,542
その他の雑費	12,271	30,664
合計	144,746円	255,100円

出典：総務省統計局 家計調査年報（家計収支編）
2021年（令和３年）「Ⅱ総世帯及び単身世帯の家計収支」より抜粋

２人世帯を
例にして考えると

支出 約25万5000円（月）

月の年金収入
20万円

不足
５万5000円

● 国民年金
約13万円（2人の合計）

● 厚生年金
約7万円

※平均年収500万円世帯（妻は専業主婦）で30年間厚生年金に加入していた場合

不足分の

● 60〜64歳は年金支給なし
25万5000円×12カ月×5年
＝1530万円

● 65〜84歳の20年間
5万5000円×12カ月×20年
＝1320万円

およそ
2850万円必要

住居費が少ないのは
持ち家の人が多いから。
家が賃貸の場合は、
もっと必要になりますよ！

国の統計によると、老後に必要な生活費は夫婦で約25万5000円。内訳を見てみると、それほど贅沢はしていないことがわかります。厚生年金に加入できているなら少しは余裕ができますが、若いうちはそこまで年収が高くなかったり、フリーランスで加入していなかったり、早期退職をしたり、厚生年金に未加入の期間があったなどの事情から、受け取り金額がもっと低い人も多いと思います。

老後、節約しながらキツキツで過ごすのはイヤですよね。これまで頑張ってきたんだから、たまには温泉に行ったり、趣味を充実させたりしたい。だから僕は、老後までに夫婦で3000万円貯めましょうと発信しているんです。

ホントのところ

日本人の平均年収と平均貯蓄額

老後までの目標貯蓄額はわかりましたが、それは実際に可能な数字なのでしょうか。平均年収と貯蓄額から見てみましょう。

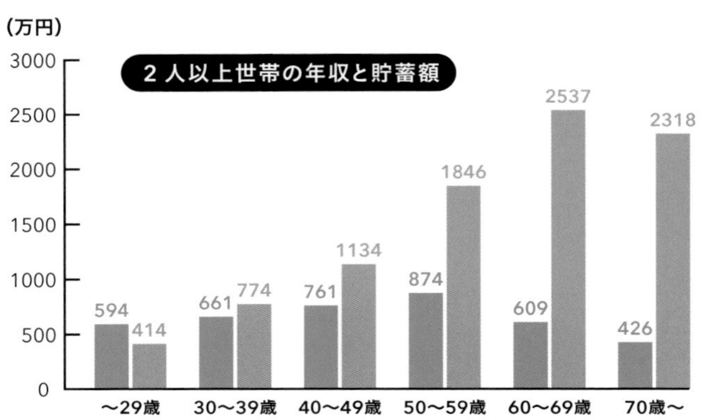

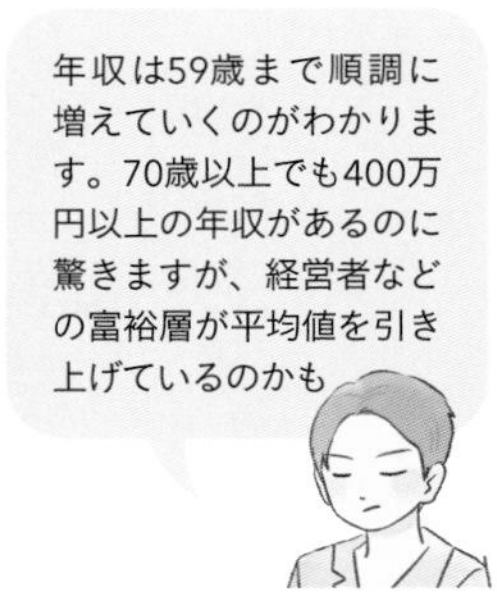

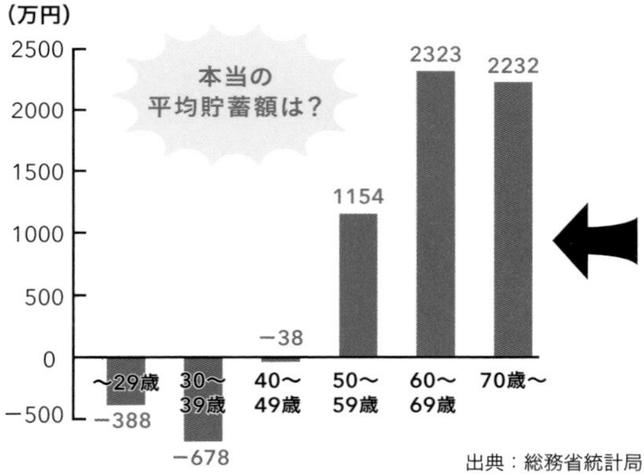

家や車、奨学金などによる

平均負債額

〜29歳	802万円
30〜39歳	1452万円
40〜49歳	1172万円
50〜59歳	692万円
60〜69歳	214万円
70歳〜	86万円

出典:総務省統計局「家計調査報告(貯蓄・負債編)−2021年(令和3年)平均結果−(二人以上世帯)第8-5表」より抜粋・改編

上の表は２人以上世帯の平均年収&貯蓄額のグラフ。今はほとんどの家が共働きだから、例えば30〜39歳なら夫が４００万円、妻が２５０万円程度の収入があればクリアできます。これは、なかなかリアルな数字だと僕は思います。

下の表は負債額を引いた本当の貯蓄額。家や車を買う人が多いからか、20代後半から40歳くらいまではローンなどで資産はマイナス。とはいえ、順調に返済して50歳からはプラスに転じています。60歳以降の貯蓄額を見ると、２３００万円ほどが平均値。副業などで収入を増やし、若いうちにつみたてＮＩＳＡなどで資産運用しておけば、目標額の３０００万円貯めるのは決して難しくはないでしょう。

子ども1人育てるのに、こんなにお金がかかる！

子どもを育てる費用というと、学費を想像する人が多くいますが、それ以外にもたくさんのお金がかかります。

	年数	公立の教育費	私立の教育費	養育費
未就学児	3	（養育費に含む）	（養育費に含む）	244万8423円
幼稚園・保育園	3			342万7752円
小学校	6	192万7686円	959万2146円	508万3350円
中学校	3	140万5191円	421万9299円	292万6695円
高校	3	137万2140円	290万9733円	292万6695円
大学	4	254万8150円	386万6569円	281万8800円
合計		725万3167円	2058万7747円	1963万1715円

出典：文部科学省「平成30年度学校基本統計（学校基本調査報告書）」および「国公私立大学の授業料等の推移」より抜粋・改編、大学の学費は文系

子どもにかかるお金は学費だけではありません。食費、衣類代、習い事代、携帯料金、お小遣いなどのお金＝養育費もかかってきます。家も人数分の広さが必要になるので、家賃や住宅ローンも増えてしまいがち。児童手当や医療費の補助をもらっても、焼け石に水という感じではないでしょうか。

子どもがいる家庭は、将来的にかかるお金も見越して、少しでも多く貯めておく必要があります。

全部私立を選ぶと、全部公立だったときとの差は1300万円以上！　そのほか、大学受験で滑り止めを何校か受ける場合は、入学金の仮払いなどで何十万円もかかる場合があります

パートでいくらまで稼ぐといいの？

パートの年収	こんな「壁」が!!
103万円	所得税が課税される
130万円	配偶者の扶養から外れる＆社会保険に加入
150万円	配偶者特別控除の額が減少する

家計の足しにとパートに出る人も多いはず。でも、頑張りすぎると逆に収入が減るラインがあります。例えば、150万円を超えると社会保険料が約30万円かかるため、130万円のときより手取りが減ってしまうのです。その場合は、パートではなく正社員を目指し、それ以上稼ぐほうがいいでしょう。

“働き損”にならないように、それぞれの「壁」を意識して調整しながら仕事を入れるのがベストです

お代わり頼む？
い…いらない！
節約しなくちゃ！

Chapter 2

生活費を見直して毎月のムダをチェックする

栄美の生活費をチェック

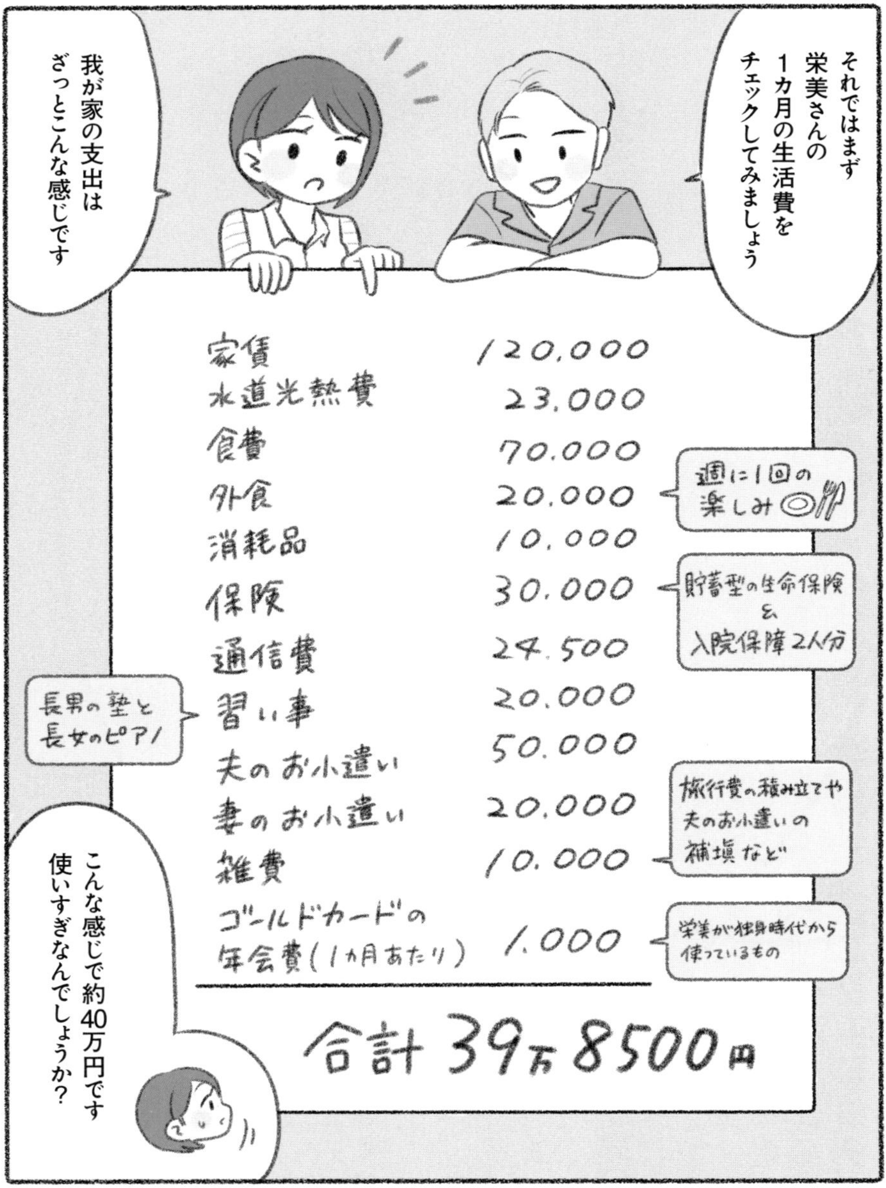

それではまず栄美さんの1カ月の生活費をチェックしてみましょう
我が家の支出はざっとこんな感じです
家賃 120,000
水道光熱費 23,000
食費 70,000
外食 20,000
週に1回の楽しみ
消耗品 10,000
保険 30,000
貯蓄型の生命保険 ＆ 入院保障2人分
通信費 24,500
習い事 20,000
長男の塾と長女のピアノ
夫のお小遣い 50,000
妻のお小遣い 20,000
雑費 10,000
旅行費の積み立てや夫のお小遣いの補填など
ゴールドカードの年会費（1カ月あたり） 1,000
栄美が独身時代から使っているもの
合計39万8500円
こんな感じで約40万円です
使いすぎなんでしょうか?

いえいえ！ 総務省統計局の統計データ「家計調査報告2021年版」では
4人家族の平均生活費は1カ月約28万円となっています
平均
約28万円
住居費↑
約1万8000円
ただしこのデータでは住居費が約1万8000円になっていて家賃を払う必要がない持ち家の場合も数値として含まれているみたい
東京で4人暮らしができる広さの家に住むとなると家賃12万円って普通ですよね
そう だから栄美さんはとくに使いすぎというわけでもないですよ
むしろ及第点！
見直せるところはありますか？

支出には固定費と変動費があります
固定費とは毎月絶対にかかることが決まっているお金のこと
水道光熱費
通信費
家賃
保険
車
5大固定費
これらで5大固定費とも呼ばれます
でも私洋服とか食費なら頑張ればもっと削れそう！
それらは変動費といって節約できたとしても効果は一時的
大きくお金を増やしたいなら固定費を見直すのが重要なんです
固定費
変動費

まずは通信費から
ケータイはどこを使っていますか?
大手のS社です
家族割引
全員iPhoneで家族割引を使っています
内訳は
S社の光 4,180
夫の料金 9,320
栄美の料金 5,000
長男の料金 3,000
長女の料金 3,000
2万4500円
ふむふむ
旦那さんは仕事で通話もするからちょっと高くなっているようですね
スマホゲームのやりすぎも原因かもしれません
いけいけ!
通信費の節約は簡単!
楽天
例えば格安スマホの代表格である楽天モバイルに乗り換えると

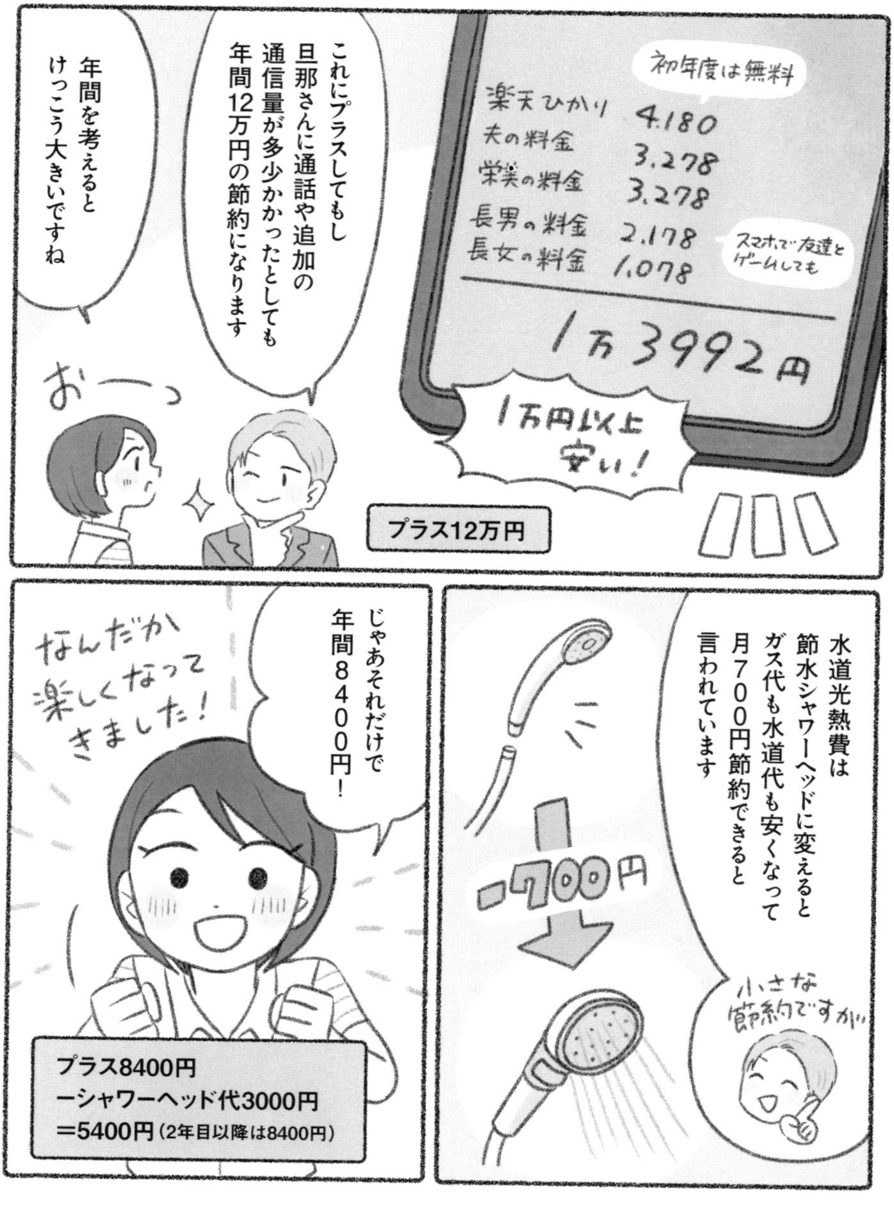
初年度は無料
楽天ひかり 4.180
夫の料金 3,278
栄美の料金 3,278
長男の料金 2,178
長女の料金 1,078
スマホで友達とゲームしても
1万3992円
1万円以上安い！
これにプラスしてもし旦那さんに通話や追加の通信量が多少かかったとしても年間12万円の節約になります
年間を考えるとけっこう大きいですね
おーっ
プラス12万円
水道光熱費は節水シャワーヘッドに変えるとガス代も水道代も安くなって月700円節約できると言われています
ー700円
小さな節約ですが
じゃあそれだけで年間8400円！
なんだか楽しくなってきました！
プラス8400円
ーシャワーヘッド代3000円
＝5400円（2年目以降は8400円）

まだまだいきますよ！次は保険の見直しです
今どんな保険に入っているんですか？
30歳からA社の貯蓄型の生命保険に入ってます
A社
入院＋がん
そこに入院とがんの特約をつけていて夫婦で同じ内容で、月に約３万円の支払いがあります
3万円/月
ぱっと聞いただけで見直すポイント満載ですね
？
どれも必要な気がするけど…
ぶっちゃけ「貯蓄型」の生命保険ってムダが多いんですよ
え！
掛け捨てじゃないので満期がきたら２００万円もらえるんですよ
保障内容も手厚いしお得なのかと思ってました
でもそのために１人月１万５０００円支払ってるんですよね？
うんうん

30歳から60歳まで
月1万5000円を
普通に積み立てたら
540万円貯まりますよ
2人だと
1080万円です
1万5000
×
12ヵ月×30年間
=540万円
満期になって2人で
400万円もらえたとしても
差額は680万円!
それだけ保険をかけていて
保険金を受け取る側に
なったことはありますか?
3万円を30年間
5%で運用すると
2500万円
になります
ないですね…

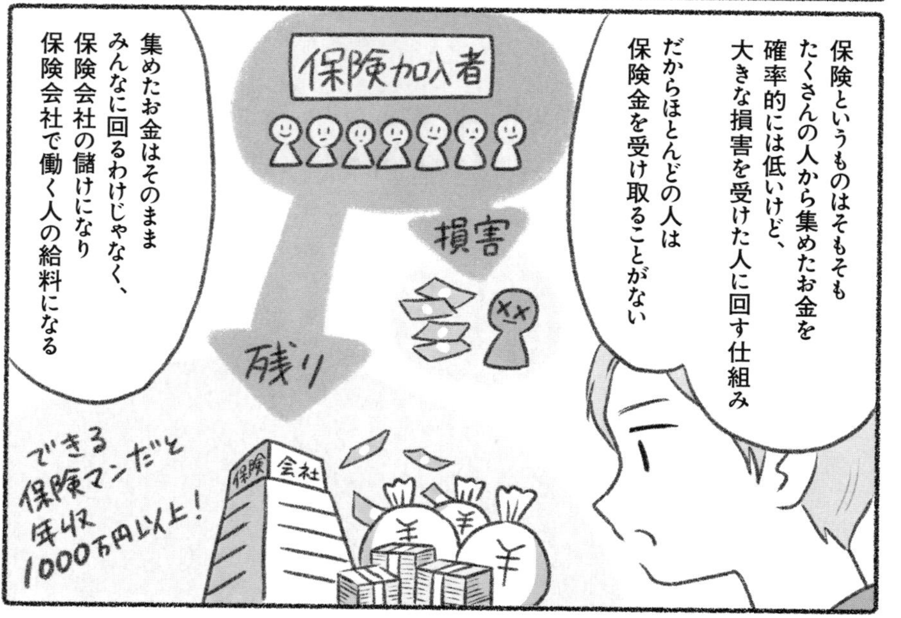
保険というものはそもそも
たくさんの人から集めたお金を
確率的には低いけど、
大きな損害を受けた人に回す仕組み
だからほとんどの人は
保険金を受け取ることがない
保険加入者
損害
残り
保険
会社
集めたお金はそのまま
みんなに回るわけじゃなく、
保険会社の儲けになり
保険会社で働く人の給料になる
できる
保険マンだと
年収
1000万円以上!

だからムダに多くの額を回収する仕組みになっていて
とくに貯蓄型はこのムダが大きいんです
うんうん
でも今後夫や自分に何かあったらと思うと
でも例えば40歳の男性が死亡する確率は0・1%がんになる確率は0・6%
40歳 男性
死亡確率
1/1000
がん確率
6/1000
!
かなり低いですね
とはいえ栄美さんの場合は旦那さんの収入がないと困るだろうから、全部やめろとは言いません
入院保障も死亡保障もむしろ必要!
そんな人におすすめなのが〝共済〟です
○ 生命共済
○ 火災共済
○ 傷害保障型共済
栄美さんは東京都内在住なので〝都民共済〟を利用することができます
〜都民共済〜

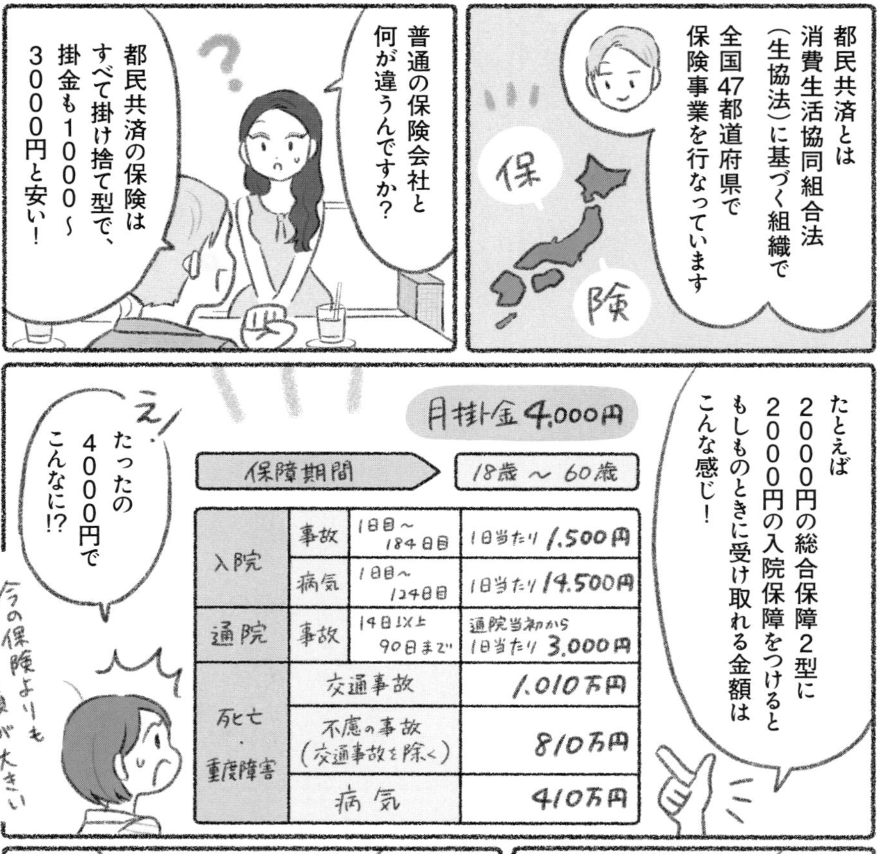
都民共済とは消費生活協同組合法（生協法）に基づく組織で全国47都道府県で保険事業を行なっています
保
険
普通の保険会社と何が違うんですか？
都民共済の保険はすべて掛け捨て型で、掛金も1000～3000円と安い！
たとえば2000円の総合保障2型に2000円の入院保障をつけるともしものときに受け取れる金額はこんな感じ！
月掛金4,000円
保障期間 18歳～60歳
入院 事故 1日目～184日目 1日当たり1,500円
病気 1日目～124日目 1日当たり14,500円
通院 事故 14日以上90日まで 通院当初から1日当たり3,000円
死亡・重度障害 交通事故 1,010万円
不慮の事故（交通事故を除く） 810万円
病気 410万円
え！
たったの4000円でこんなに!?
今の保険よりも保障額が大きい
なんでこんなに安いんですか？
それは共済は非営利団体で運営されているから！
自分たちが儲けようと考えていないんです

だから決算が終わったあと もしも余剰金が出たら **割戻金**といって 加入者に戻ってくるんです
え！
何それ!? お金が戻ってくる保険なんて 聞いたことない
令和３年度の 総合保障型・入院保障型の 割戻率は32・73％ だったらしいので 夫婦で毎月８０００円…
年間９万６０００円 支払っても ３万１４２０円は 戻ってくるんです
割戻率はホームページに載っているよ
じゃあ実質 ６万４５８０円の支払いで この保障が受けられるのね！
私も都民共済に 乗り換えようっと！
私も！
これで栄美さんの保険料は 月３万円から 月８０００円に 下げることができました
ただし栄美さんは 旦那さんの 死亡保険金額が 不安なら、もう一つ 掛け捨ての保険を プラスするのも アリです
年間26万４０００円も 浮いた！ ヤッター！
プラス26万4000円
＋割戻金

栄美さんは旦那さんが万が一亡くなってしまうと生活に困る可能性があるから死亡保障が手厚いほうがいい
けれど、子どもがいない美子さんの家は夫婦とも稼ぐ力があるんだから生命保険はなくても大丈夫かもしれません
!
そうか、我が家の場合はお金は自分たちでなんとかできますもんね
でも椎奈さんの場合は万が一のときのために入院保障はつけておいたほうがいいです
貯金がしっかりあるなら必要ないくらいなんだけど…
貯金30万円だし
今の椎奈さんの貯金額だと入院したら路頭に迷う危険性があります
オワッタ…
…は―――い…
ツ…ツライ…

まとめると、入ったほうがいい保険はこの3つ
○生命保険
○火災保険
○自動車保険
ただしその人がいなくなったら生活に困る場合のみ入る
これらは起こる確率は低いけど何かあったときの損害が大きいからです
私は猫にペット保険をかけています
何かあったら困るなと思って
ニャーン
家猫の場合は屋内にずっといるから事故にあう可能性は低いですよね
高齢になったら病気になるかもしれないけど
だって…
ペットの病気って治療費が全額負担なんです
でもペット保険に入っていても全額保障してくれるわけじゃない
保険適用外の病気や支給額の上限などなんだかんだでお金はかかるんです
だったら保険に支払っているお金を積み立てておいたほうがいいと僕は思いますよ

ゴールドカードの年会費ももったいないですね
年間1万2000円も
独身時代はよく旅行に行ってたから空港ラウンジが使えてよかったんですよね
では今すぐ解約しちゃいましょう
プラス1万2000円
年会費無料のカードで十分
ほかにも
サブスクの解約
GAME
ジェネリック医薬品に変える
LEDライトに変える
水筒を持ち歩く
など実践しやすいものを取り入れてみてください
わかりました!

ところで旦那さんのお小遣い5万円って、何に使っているんでしょうか?
お昼はお弁当を作って持たせてるんですけど毎日ボトル缶コーヒーを飲んでるみたいですね
あとは同僚と飲みに行ったり…
僕は酒、タバコ、コーヒーは3大ムダ支出だと思っているのでやめてもらうのがいちばん!!
えっと…
家でも毎日ビール2缶飲みます
とはいえ難しいよね
じゃあ1本はビール、お代わりのもう1本は発泡酒や第3のビールに変えてもらいましょう
それだけで1日100円、1カ月で3000円の節約になります
3,000×12カ月で1年なら3万6000円です
お酒
5% 350ml
プラス3万6000円

あ! そうだ!!
最近ゲームにハマってて
2万円くらい課金したって
…ゲーム課金は
時間もお金も溶けますね
いけっ!
でもワクワクして
楽しいって
言ってるんですよね
ギャンブル性があることが
好きなんだったら
その2万円を投資で
積極的に運用してみたら?
もともと
溶かすお金なんだし
怖くないでしょ
うまくいけば
お金も増えるし
最高じゃないですか!
ワクワク感も
味わえますよ!
帰ったら旦那を
説得してみます
ざっとここまでで
旦那さんのお小遣いの件は
抜きにしても
栄美さんの家は
年間
43万7400円
+ 都民共済の割戻金
も節約することが
できました!
そこまで
我慢するわけじゃないのに
すごいです〜

家を買うのが夢なので頑張ります！
子どもに財産を残してあげたいし
子どもだって家を相続したいのかどうかはわかりませんよ！
いやいや
渋谷の一等地にある豪邸なら僕も欲しいけど例えば微妙な場所にある築30年の古い家にどれくらいの価値があるのか
栄美さんだって現在実家には住んでないわけでしょ？
はい…
だって寒いし古いんだもん
お子さんだってきっと古いのは嫌だし自分が好きな場所に住みたいはず
実際に僕もこうやって地元から出て石垣島に住んでるわけだし
家を残してあげたいという気持ちが子どもの可能性を狭めてしまうこともあるんですよ
たしかに私も都内に実家があるけど自分でマンション買ったもんなぁ
実家

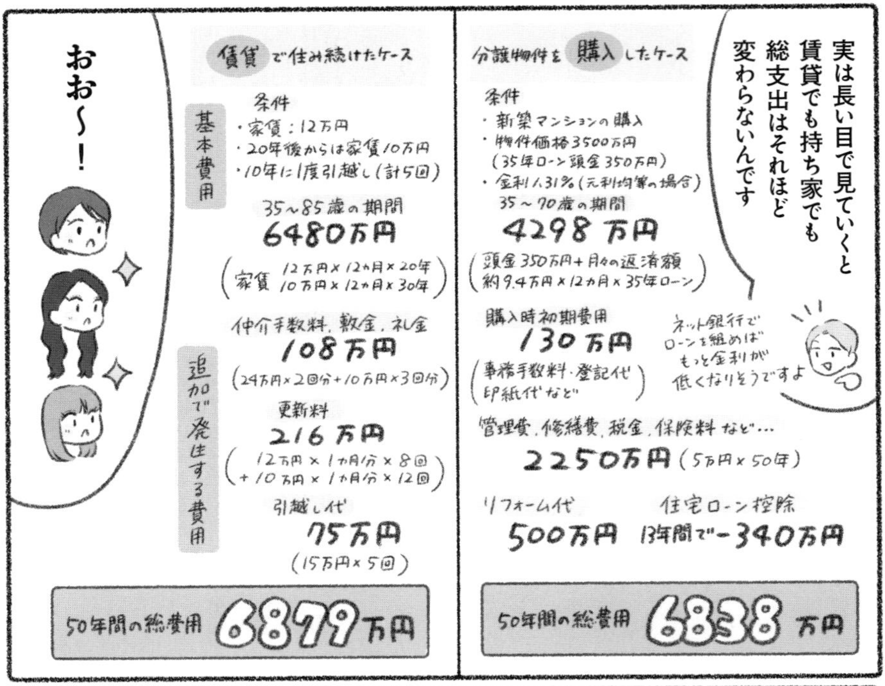

実は長い目で見ていくと賃貸でも持ち家でも総支出はそれほど変わらないんです
分譲物件を購入したケース
条件
・新築マンションの購入
・物件価格3500万円
(35年ローン頭金350万円)
・金利1.31%(元利均等の場合)
35〜70歳の期間
4298万円
(頭金350万円＋月々の返済額 約9.4万円×12カ月×35年ローン)
購入時初期費用
130万円
(事務手数料・登記代 印紙代など)
ネット銀行でローンを組めばもっと金利が低くなりそうですよ
管理費、修繕費、税金、保険料など…
2250万円(5万円×50年)
リフォーム代
500万円
住宅ローン控除
13年間で−340万円
50年間の総費用 6838万円
賃貸で住み続けたケース
基本費用
条件
・家賃：12万円
・20年後からは家賃10万円
・10年に1度引越し(計5回)
35〜85歳の期間
6480万円
(家賃 12万円×12カ月×20年 10万円×12カ月×30年)
追加で発生する費用
仲介手数料、敷金、礼金
108万円
(24万円×2回分＋10万円×3回分)
更新料
216万円
(12万円×1カ月分×8回 ＋10万円×1カ月分×12回)
引越し代
75万円
(15万円×5回)
50年間の総費用 6879万円
おお〜！

実際は敷金や礼金がもっとかかる場合もありますが金額的にはほとんど差がないことがわかります
都会
地方
しかも賃貸ならライフスタイルの変化によって住む場所を変えられるというメリットがあります
なるほど焦らなくても大丈夫なんですね

美子のマンションと車

うちのマンションは6000万円だから総費用はもっと高くなるってことですよね
そうですね！2人暮らしで狭くても大丈夫という人ならもっと家賃を下げることが可能だから、さらに差が出るかもしれません
ただし…
美子さんのマンションはどこにあるんですか？
東急田園都市線 池尻大橋駅
7分
渋谷まで1駅の池尻大橋から徒歩7分リフォーム済みの中古マンションを買いました
いいマンションを選びましたね！利便性がいい人気エリアの家はたとえ中古でも売るときに値段がそれほど下がりませんリセールバリューが高いんですよね
リセールバリュー＝売るときの値段
へええ！
リセールバリュー？！
貸すときもそこそこの家賃をつけられると思いますよ
ホッ

…ということは
毎月の家賃もかなりお得に
なるってことですか?
そうですね
仮に20年後に
5500万円で売れたら
この20年でかかった家賃は
500万円ってことに
なりますから
20年後
5500万円で
売る
売
=
20年分の
家賃
500万円
不動産取引の
手数料や毎月の
修繕積み立て金が
あるから
実際はこんなに
単純計算は
できませんが
逆に
リセールバリューが
低い家って?
?
立地や住環境が悪い家は
売りにくいです
具体的にはこんな感じです
リセールバリュー
高い家
○人気エリア
○住環境がいい
○駅が近い
○一等地
低い家
○人気のないエリア
○騒がしい
○駅から遠い
○治安が悪い
みんなが欲しいと思うものを
買うのが重要なんですね

ちなみに車を買うときもリセールバリューを意識するのがコツです
たしかに！次の車を買うときは今の車を売りますもんね
売却
美子さんの車は白いベンツでしたよねベンツは中古でもリセールバリューが高いですよ！
ホッ
よかった！
人気の高い車種根強いファンがいる車種は高い値段で売れます
シビック
ランドクルーザー
ハリアー
ジムニー
など
色もベーシックな白かシルバーブラックを選ぶのがおすすめ
個性が強い車は選ばないほうがいいのか
ピンクの車とかカワイイけど
プリウスなどのエコカーも価格が落ちやすいのでおすすめできないですね

でも
そもそも論ですけど
車って金食い虫
なんですよ
ズーっ
我が家も維持費だけで
月5万円くらい
かかってますからね
車の維持費
自動車税
保険料
駐車場代
ガソリン代
車検代
など
ばーーん
車自体も700万円
くらいしたし
5年間持ち続けると
300万円ほどかかる
計算になりますね
車代も合わせると
1000万円です
!
1000万円
300万円
5年間
美子の家は余裕があるから
それくらい大丈夫だろうけど
我が家だと大打撃だな〜
毎日最寄り駅から
タクシーに乗っても
500円×30日で
1万5000円で
すみますからね
初乗り 500円
×30日
=1万5000円
TAXI
たまに遠出したいときは
レンタカーで十分です
1日1万円
+
ガソリン代5000円
=1万5000円
くらい
月に2回ドライブして
毎日タクシーで帰っても
4万5000円ですむんですね
タクシー代 1万5000円
+
レンタカー&ガソリン代
3万円
=
4万5000円

コツコツ貯金法

そういえばみなさん
小銭ってどうしてますか?
普通にお財布に
入れてますけど
パンパン
100
500
少しでもお金を貯めたいなら
小銭貯金を習慣化すると
いいですよ
500円玉
貯金ですよね
そういえば昔
やってました
今どこに
置いてあるかな?
はて…
週1 500円
週に1回500円を入れると
月に2000円
1年で2万4000円に
なりますよ!
1か月 2000円
1年で 2万4000円
あとは
365日貯金も
おすすめです!
これは1日1円ずつ
入れるお金を
増やしていく貯金法
なんですけど
365日目365円
というふうに
1円ずつ増やしていく
1日目 1円
2日目 2円
3日目 3円
365日目 365円
すると1年で
6万6795円も
貯まるんですよ!
1年で 6万6795円
すごーい!

でも私
忘れてしまいそう
です…
私も…
ズボラなので…
栄美さんは冷蔵庫に
チェック表を貼っておいて
子どもに印を
つけてもらいましょう！
ママ、貯金しないとダメだよ
チェック表
子どもが張り切って
やってくれるから
やめられなくなりますよ！
子どもに
言われたら
やるしかない
ですもんね
フフ
私はスマホで
アラームかリマインダー
かけようかな
ピコーン
リマインダー
貯金
なるほどッ
それは
いい方法ですね！
ぜひやってみてください

ポイントも見逃せないですよ
私よく楽天トラベルでホテルの予約をするのでいつの間にかけっこうポイントが貯まってますね
プライベートでも仕事の出張でも
効率的に貯める方法ってあるんですか？
〝経済圏〟をまとめること
イオンで買い物をすることが多い人はイオン、楽天をよく使う人は楽天でしばるとポイントが貯まりやすいです
P
楽天経済圏
楽天市場
楽天トラベル
楽天カード
楽天モバイル
楽天ペイ
楽天銀行
楽天エナジー
など…
＝
楽天ポイントが貯まる
イオン経済圏
イオン
マックスバリュ
ミニストップ
イオンカード
イオン銀行
WAON
イオンモバイル
など…
＝
WAONポイントが貯まる
PayPayやモバイルSuicaなどのスマホ決済もキャンペーンによっては効率的にポイントが貯まりますよ

もしものリスクは社会保障制度でまかなえる

**日本は欧米と比べて福祉が遅れていると言う人も多くいますが、
実は日本の社会保障制度は諸外国に比べてもかなり充実しています。**

社会保障制度でカバーできるもの

- 配偶者の死 ➡ **遺族年金**
- 病気やケガ ➡ **健康保険**
- 老後の生活 ➡ **国民年金 厚生年金**
- 障害が残る ➡ **障害年金**
- 介護が必要になる ➡ **介護保険**
- 仕事がなくなる ➡ **失業保険**

民間の保険でカバーするもの

火災保険

起こる確率は0.035%と低いけど、もし火事になってしまったら数千万円から数億円の大損失。人生を失いかねないのでかけるべき。

自動車保険

事故を起こす可能性は1年間で1%ほど。確率は低いものの、もしも相手を死なせてしまうことがあったら大変。保険は絶対に必要！

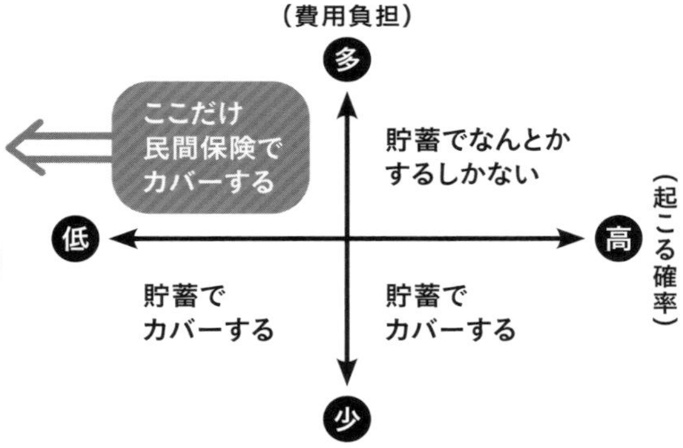

社会保障制度はいろいろな「もしも」をカバーしてくれます。まったく働けず資産もない場合は、生活保護を受けるという選択肢もあります。だから、「病気とかで働けなくなったらどうしよう」とおびえる必要はありません。厚生労働省の「医療給付実態調査」によると、自己負担額の平均値は入院した場合でも総額30万円ほどと、生活を脅かすほどではないのです。

費用負担がそれほど多くないリスクに対して保険料を払うくらいなら、そのお金を運用して資産を増やしておいたほうがいいというのが僕の考えです。ただし、火災保険と自動車保険だけは起こったときのリスクが大きすぎるので絶対にかけておきましょう。

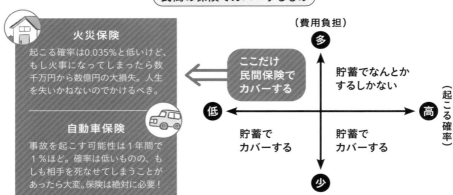

日本の健康保険制度は超優秀！

誰もが経験する可能性がある病気やケガ。治療に時間を要すると、莫大なお金がかかりそう。でも、実はそんなこともないのです。

病院で受診した場合、健康保険制度によって支払いは3割※。しかし、いくら3割でも、入院してしまうと、費用がかさんで大変なことになるかもと恐れていませんか？でも大丈夫。高額療養費自己負担限度額制度があり、一定額以上は国が負担してくれます。ただし、手続きが必要なので忘れずに。

毎月の自己負担限度額（70歳未満）

目安となる年収	自己負担額の目安
約1160万円以上	14万100円
約770万〜1160万円未満	9万3000円
約370万〜770万円未満	4万4400円
約370万円未満	4万4400円
住民税非課税世帯	2万4600円

保険制度	保険料	
会社員・公務員 **健康保険**	**会社が半分負担**	扶養制度あり 傷病手当・ 出産手当
自営業・フリーランス **国民健康保険**	**全額自己負担**	扶養制度がなく 収入がなくても 加入が必要

出典：厚生労働省「高額療養費制度を利用される皆さまへ」より抜粋

出産時に緊急帝王切開になった場合も、この制度が適用されて入院費が安くなります

※70歳未満の人の場合

死亡リスクは想像より低いから備えは最低限に

60歳までの死亡リスクは低いので、高額な生命保険やコスパの悪い貯蓄型の生命保険に入るよりは、その分を投資に回して増やしたいところ。ただし、子どもがいる人は、保険料が安い掛け捨ての生命保険には入っておきましょう。

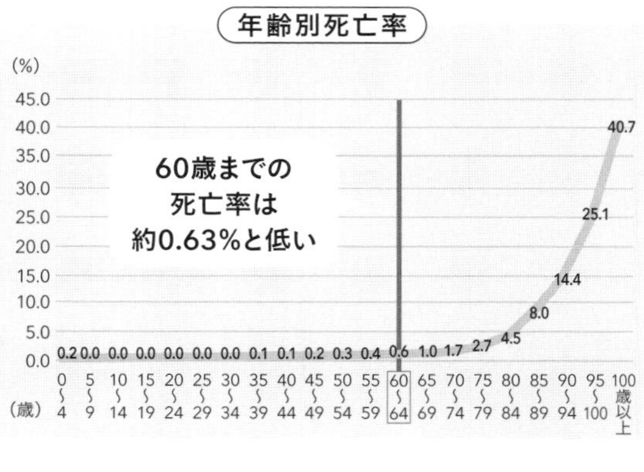

60歳までに亡くなる人は、1000人のうち7人弱。ほとんどの人は長生きして、老後の生活を楽しむことができる。ただし、85歳を過ぎると1000人のうち80人が亡くなってしまう。

出典：厚生労働省「簡易生命表（令和３年）」より作成

働き盛りの30〜40代が亡くなる確率は1000人に１人とかなり低いです

車がないのはつらいな〜
でもな〜

Chapter 3

つみたてNISAは だまってやっておけ！

つみたてNISAって何？

じゃあ必ず３万３３３３円を入れないといけないわけじゃないんですね
私にもできる?!
椎奈さんも自分ができる範囲でやってみて！
ワンコインでもOK！
100
証券会社によっては１００円から始められます
だったらできそうだね！
うん！
栄美さんは家計の見直しで年間43万７４００円捻出できる見込みがたったから限度額の３万３３３３円を入れちゃってください
美子さんも！
当初は２０３７年までが新規に投資できる期間だったから今すぐ（２０２３年）始めても14年間しかできませんでした
当初
改正後
2023年
2037年
14年間
無制限
非課税
あらら
でも、制度がどんどん改正されて２０２４年からはこの期限が無制限になります

だったら2024年から始めたらいいかなという人もいますが時間的に早い方が複利のメリットを享受できるのでいずれにしても早く始めるに越したことはありません
やるなら今!
2024年からは年間投資額の上限が120万円に拡大されます
非課税ってどういうことですか?
投資
税金 20.315%
通常、投資をして利益が出た場合はそこに20.315%の税金がかかるんです
つまり投資で10万円の利益が出ても2万315円を引かれてしまって7万9685円しか受け取れないということ?
税 2万315円
10万円
7万9685円
通常
つみたてNISA
非課税
10万円
そう! でもつみたてNISAで得られた利益は課税されない
それはかなり大きいですね!

でもいざお金が必要になったときに手元になかったら困りませんか?
つみたてNISAは〝いつでも始められるし、いつでも引き出せる〟から大丈夫!
NISAの特徴の1つ!
そうか!
エヘヘ
だから僕はいつもTwitterで〝つみたてNISAはだまってやれ〟と発信しているんですよ
はっとり
@Hattori_bkk
つみたてNISAはだまってやれ
2024年からの新制度に対するベストな情報もTwitterで発信していきます!
そして分散投資が可能ってどういう意味ですか?
商品をいろいろ選んで自分で組み合わせられるってこと
1つだけ
商品1
リスク高
分散投資
リスク低
商品1
商品2
商品2
でもちゃんと勉強しないとどれを選んでいいかわからないですよね
商品1
商品2
商品3
私じゃムリ…

僕がおすすめしたいのは
おすすめの4つ
eMAXIS Slim 先進国株式インデックスファンド
SBI・全世界株式インデックス・ファンド
ニッセイ・インデックスバランスファンド
楽天・全世界株式インデックス・ファンド
このような安定した評価の高い商品の中から3つ選んで毎月1万1111円ずつ分けて投資するとリスクを分散できます！
2023年まではこれがベストです
どれか1つ下がってもほかの2つは上がるかもしれない
「米国株式」や「全世界株式」をきちんと押さえているファンドを選ぶと失敗が少ないと言えますね
全世界株式
米国株式
先進国株式
なんで米国株式がいいんですか？
だって世界の経済はやっぱりアメリカを中心に回ってるでしょ
アメリカの経済がよくないときはほかの国の経済も低迷してる
—

よりリスクを分散したい人は「全世界株式」を
さらにリスクを抑えたい人は「先進国株式」を選ぶのも手です
先進国株式
全世界株式
う〜ん
でもハラハラするのは嫌だなぁ
大丈夫！
運用はプロがしてくれるから放っておいてOK！
素人が頑張って運用するよりもうまくいく可能性は高いんですよ
おまかせあれ
プロ
投資者
でもでも！
100%元本割れしないわけではないんでしょ？
そりゃあ投資だから100%はないですよ
どんなに足が速い人だって転ぶことはあるように「絶対」なんてない
投資ってそんなもん！
だからなるべく確率を上げる方法を探っていくわけ

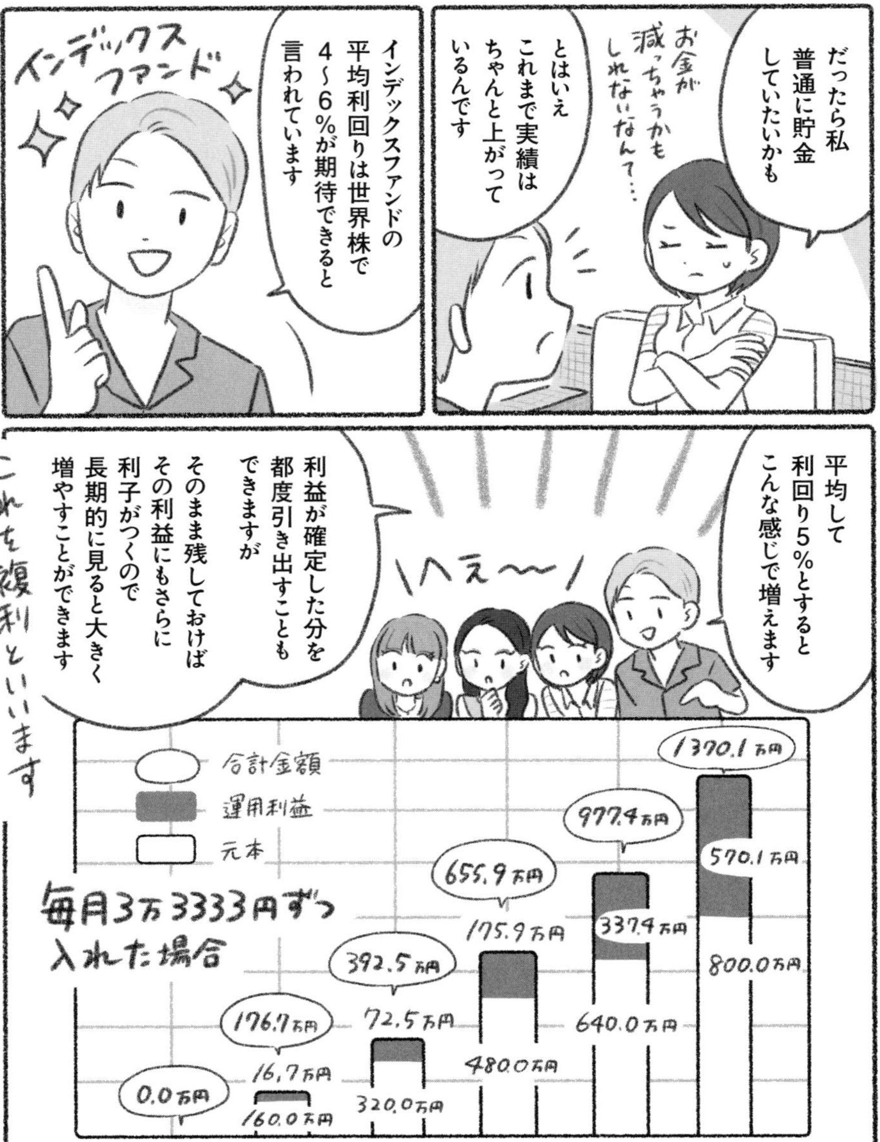
だったら私
普通に貯金
していたいかも
お金が
減っちゃうかも
しれないなんて…
とはいえ
これまで実績は
ちゃんと上がって
いるんです
インデックスファンド
インデックスファンドの
平均利回りは世界株で
4～6%が期待できると
言われています
平均して
利回り5%とすると
こんな感じで増えます
へえ〜
利益が確定した分を
都度引き出すことも
できますが
そのまま残しておけば
その利益にもさらに
利子がつくので
長期的に見ると大きく
増やすことができます
これを複利といいます
合計金額
運用利益
元本
毎月3万3333円ずつ
入れた場合
0.0万円
176.7万円
16.7万円
160.0万円
392.5万円
72.5万円
320.0万円
655.9万円
175.9万円
480.0万円
977.4万円
337.4万円
640.0万円
1370.1万円
570.1万円
800.0万円
開始
4年目
8年目
12年目
16年目
20年目

リーマンショックやコロナショックのときのように短期的に見るとたしかに元本割れすることもあるでしょう
つみたてNISAのイメージ
一定額を積み立てた場合
運用益
元本割れすることもある
売却時に非課税
積立額（元本）
1年目
でも長期的な目で見ると上がることが期待されます
やらない方がいい人はいますか？
私はどっちだろう…
ううん…
短期ですぐに利益を得たい人には向いてないかもしれないですね でも長期でコツコツ伸ばしていきたい人にはおすすめですよ
銀行に預けても利子はほとんどつきませんしね
0.002%〜0.1%くらい
預金
投資
銀行に預金しておくくらいなら余裕がある人はこうやって少し資産を動かしてみてほしいです

つみたてNISAを始めるには

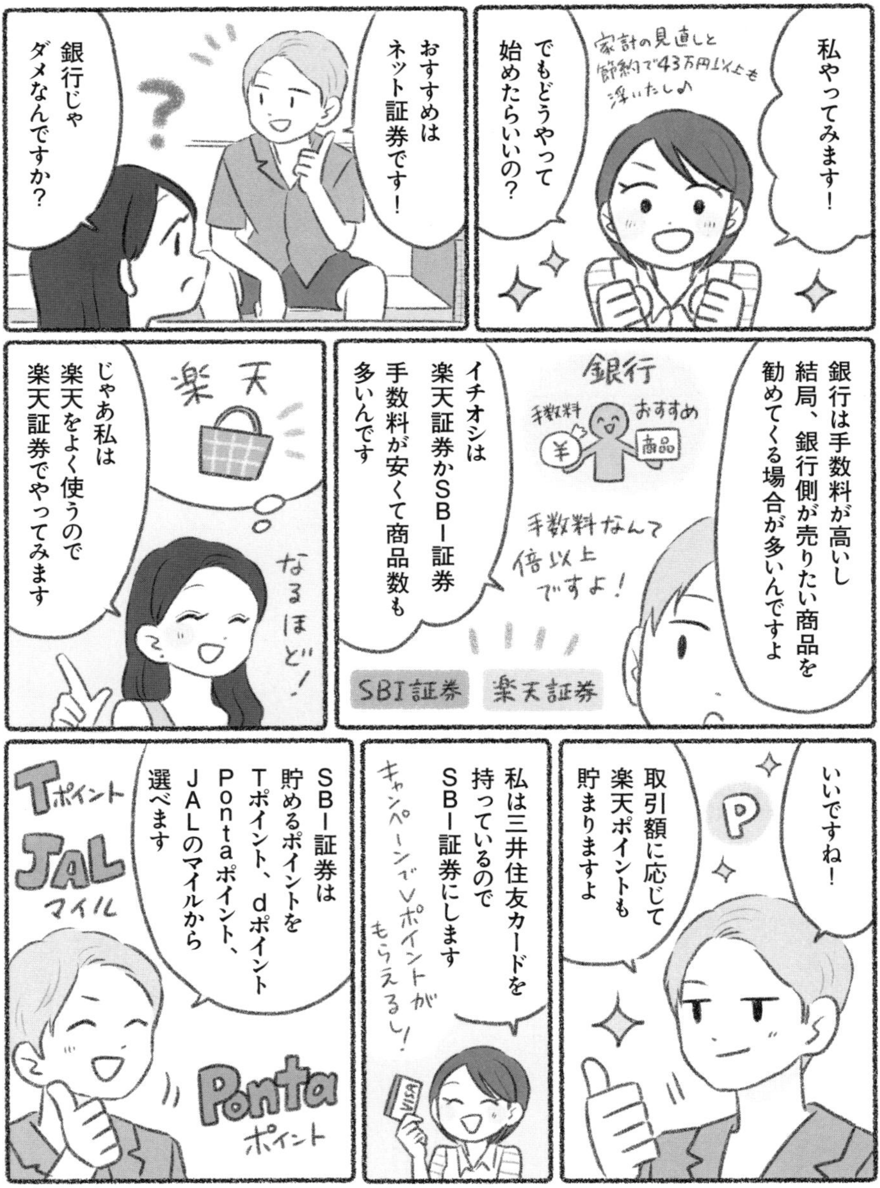

	SBI証券				楽天証券	
決済方法	三井住友カード（NL）	三井住友カードゴールド（NL）	三井住友カード プラチナプリファード	三井住友カード プラチナ	楽天カード	楽天キャッシュ
カードの年会費	無料	5,500円	33,000円	55,000円	無料	無料
ポイント還元率	0.5%	1.00%	2.00%	2.00%	2022年9月買付分から	2023年買付分から
					0.2% 代行手数料が0.4%未満のファンドの場合	0.5% 楽天カードから楽天キャッシュにチャージし、楽天キャッシュで決済した場合
					1.00% 代行手数料が0.4%以上のファンドの場合	
ポイント種類	Vポイント				楽天ポイント	

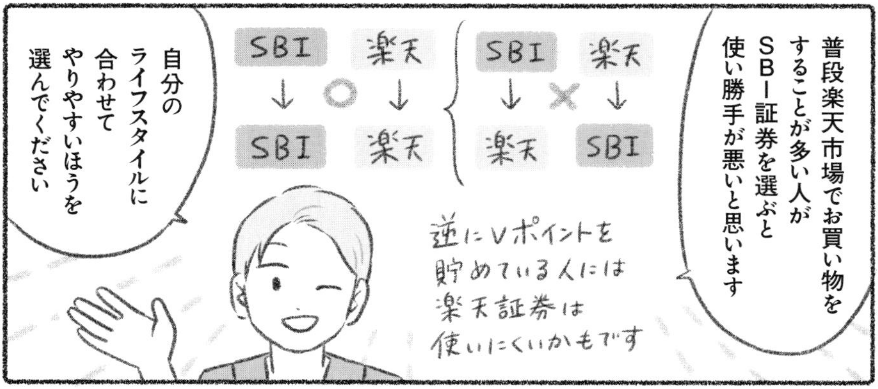

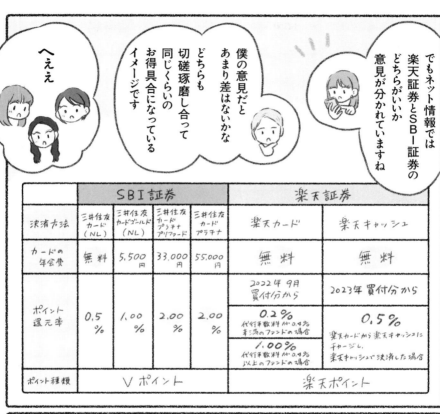

証券会社にはどうやって振り込んだらいいですか？
自分がすでに口座を持っている銀行もしくはクレジットカードでOKです
どの銀行やカードでも大丈夫
また、楽天証券なら楽天銀行 SBI証券なら住信SBIネット銀行を使えば振込手数料がかからないという利点もあります
楽天銀行
住信SBIネット銀行
手数料無料
楽天証券
SBI証券
証券会社で証券口座を開くときは特定口座にするか一般口座にするか選びます
そのときには特定口座（源泉徴収あり）を選ぶのがおすすめ！
どうして？
1年間の投資の実績から引かれる税金額などを計算した報告書を作ってくれるんですよ
証券口座
▶特定口座
（源泉徴収あり）
源泉徴収

利益が確定したら
自動的に源泉徴収を
しておいてくれるので
確定申告をする手間も
いらないんです
確定申告
ラクチン！
♪
わぁ！
それは
助かりますね！
ほかにも
注意事項は
ありますか？
つみたてNISAで
非課税になるのは
口座内で買い付けた
株式投資信託や
ETFにかかる分配金や
売買益などです
お金を受け取るときは
証券口座で受け取る
「株式数比例配分方式」を
選んでください
コレは絶対です!!
これを選ばないと
つみたてNISAの運用益が
非課税にならないんですよ！
せっかくの恩恵が
受けられないんです
間違えたら
もったいない！
バーン
税金
わかりました！
絶対に
間違えないように
します

無期限ならいつ引き出せばいいんですか?
いつでもOK!
つみたてNISAの株式投資信託やETFは任意のタイミングで解約でき、時価で受け取れます
解約時の時価
¥
何度も言いますがつみたてNISAでの運用益は課税されません
だからなるべく早く動いて間違いないんです!
つみたてNISA
非課税
椎奈さんあなたもですよ!
1000円とか2000円でもいいんだから
推しのグッズ1個諦めて積み立ててみようかな
その意気です!
今少しだけ我慢して運用益を上げられればもっと余裕を持って推しグッズが買えますよ

将来の自分のために今は少しだけガマンです
ファイト！
将来の自分のためにか…欲しいのは今なんだけどなぁ
でも将来みんなと遊べなくなるのもつらい…
わかりました！
グッ
つらいけど…頑張ってみます！
椎奈えらいよ！
キレイな夕焼け…
ザザン…
東京に帰ってからも相談したいことがあったらいつでもご連絡ください
お金のコーチングが本職なので
次回からは有料になりますが
はい！
ありがとうございました

つみたてNISAと一般NISAの違い

政府が勧めている少額投資非課税制度「NISA」。
どちらを選んでも非課税になりますが、商品の傾向は大きく異なります。

2023年までのNISA

	一般NISA	つみたてNISA
非課税保有期間	5年間	20年間
年間非課税枠	120万円	40万円
投資可能商品	上場株式、ETF、公募株式投資、REITなど	長期、積み立て、分散投資に適した一定の投資信託、ETF
買い付け方法	通常の買い付け、積み立て投資	積み立て投資のみ

非課税ってどういうこと?

20万円以上も取られてしまうよ!

100万円の利益

一般の投資
20.315%の税金がかかる
(所得税15%+復興税0.315%+住民税5%)
→ 100万円−20万3150円=**79万6850円しか受け取れない**

一般NISA・つみたてNISA
税金がかからない
→ そのまま**100万円受け取れる**

※実際にはここから手数料が引かれます

NISAとは、イギリスの個人貯蓄口座(Individual Saving Account)をモデルにした、非課税で資産を運用できる制度です。普通に投資をすると運用益から20・315%も税金で取られてしまいますが、NISAの枠を使えば運用益がそのまま利益になるのがいちばん大きなメリットです。

一般NISAは積極的に投資をしたい人向け。たくさんの商品の中から選べます。つみたてNISAはコツコツと資産を形成したい人向け。もちろん投資だからリスクはありますが、選べる商品は金融庁が定めた基準をクリアしたファンドのみ。だから僕は、1日でも早く始めないと損をすると思っています。

2024年からのNISA改正でどう変わる？

漫画で説明したのは、2023年現在のNISAの状況。
2024年からは制度が大きく変わり、投資枠や期間が増大されます。

2023年まで

名称	つみたてNISA	一般NISA
年間投資額	40万円	120万円
非課税保有期間	20年	5年
非課税保有限度枠	800万円	600万円
口座開設期間	2042年まで	2023年まで
対象年齢	20歳～	20歳～

2024年1月以降

NISA	
つみたて投資枠	成長投資枠
120万円	240万円
無期限	無期限
1800万円（うち成長投資枠1200万円）	
いつでもOK	いつでもOK
18歳～	18歳～

ジュニアNISAは2023年で終了

17歳までの子どものために、親権者が年間80万円の非課税枠を使って投資できる制度。教育資金の形成のほか、相続対策として使われていました。しかし、17歳まで払い出しができないというデメリットから口座開設数が伸び悩み、2024年の改正を期に終了することに。

2023年までのつみたてNISA、一般NISAの資産は、2024年以降のNISAと別枠で、2042年まで保有できます。つまり、早くやればやるほどお得なんです

２０２４年の改正では、つみたてＮＩＳＡと一般ＮＩＳＡで別物だったのが「ＮＩＳＡ」として一本化され、その中でつみたて投資枠と成長投資枠に分かれます。限度額が拡大されると同時に、非課税期間が無期限になるのもポイント。また、これまではつみたてＮＩＳＡと一般ＮＩＳＡのどちらかしかできませんでしたが、両方同時にできるようになります。

これまでは非課税期間が20年だったため、老後資金を貯めておくようなイメージで利用する人が多くいました。でも、期間が無期限になることで、資産をＮＩＳＡで運用しながら老後を過ごすという選択もできるようになるのは大きいと思います。

つみたてNISAで選べるファンドの特徴

**つみたてNISAで選べるインデックスファンドとアクティブファンド。
それぞれの特徴を見ていきましょう。**

	インデックスファンド	アクティブファンド
特徴	日経平均株価やTOPIXなどの指数と同じ値動きをする	独自のテーマなどに基づいて銘柄を選別し、投資する
コスト	低め  	ファンドマネージャー、アナリストなどの人的コストがかかるためやや高い
魅力	・市場全体に投資するため安定している ・代表的な指数に連動しているため、情報を得やすい	・ファンドの種類が多く、自分で選ぶ楽しみがある ・よいファンドを探し出せれば、指数を上回る成績を上げられる
運用イメージ	 指数に連動して動くので、高くはないが安定したリターンが期待できる	 プロの分析により、指数より優れた成績を狙う。ただし、リスクも高い

出典：金融庁「NISA特設ウェブサイト」より抜粋・改編

つみたてＮＩＳＡでは、証券口座を開設したら、自分で投資する投資信託（ファンド）を選びます。

インデックスファンドは、市場の平均株価（指数）を指標としているため、リスクが低く、安定したリターンが得られます。アクティブファンドは、収益チャンスを狙って指数以上の成績を目指すもので、ファンドマネージャーの手腕にかかっています。ほかにもＥＴＦ（上場投資信託）がありますが、これは上級者向けです。

つみたてＮＩＳＡの場合は、安定した成績を残せるインデックスファンドを選ぶのがおすすめ。実際ここ10年は、7割のインデックスファンドがアクティブファンドよりよい結果を残しています。

インデックスファンドの値動きは“指数”で決まる

インデックスファンドのリスクが低いのは、株価指数に絡んでいるから。
では、株価指数とは一体なんなのでしょうか。

株価指数とは、株式市場の値動きを調べるために、水準となる時点とそれを比較する時点の株式価格を比べて算出した数値。日本の投資信託を選ぶときは日本の指数、アメリカや世界の投資信託を選ぶときは海外の指数を意識すると投資への理解を深められます。

■日本の代表的な株価指数

日経平均株価（日経225）
日本経済新聞社が、東京証券取引所に上場している銘柄の中から流動性の高い225銘柄を選び、その平均値を出したもの。

東証株価指数（TOPIX）
東京証券取引所に上場する銘柄の時価総額を独自の公式で数値化。大きな変動は、日本経済全体の動きが大きいことを示す。

■海外の代表的な株価指数

NYダウ
アメリカで影響力の強い主要30銘柄の株価の平均値。世界で最も歴史のある株価指数で、投資の指標として活用される。

S&P500
ニューヨーク証券取引所、ナスダックに上場する企業のうち500銘柄から算出。リスクを回避しやすい株価指標のひとつ。

漫画で僕がおすすめしていた全世界型のインデックスファンドは、NYダウやS&P500に連動しているので、より安定していると言えます

ドルコスト平均法とつみたてNISA

毎月同じ金額を積み立てていくつみたてNISAの投資法は、
ドルコスト平均法と呼ばれるもの。その特徴を見てみましょう。

ドルコスト平均法とは、投資信託を毎日や毎月決まった日に同じ金額ずつ積み立てる方法。投資信託の価格が下がっているときは購入量を増やし、上がっているときは減らします。高いときにたくさん買ったものが、安値にならずに済むため、リスク回避につながるというメリットがあります。

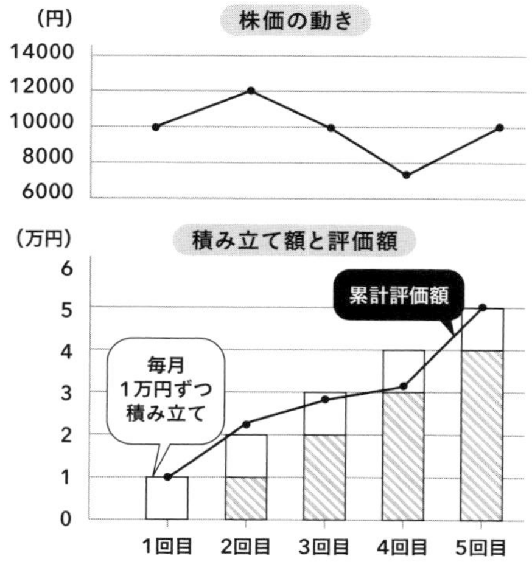

出典：金融庁「長期・積立・分散投資とNISA制度」より抜粋・改編

購入するタイミングや金額のことを考えなくて済むので、投資でドキドキしたくないビギナーにぴったりの投資法といえます

なるほど、
こんな感じで
増えるのね
つみたてNISA
今まで全然
考えたこと
なかったな
つみたてNISA

Chapter 4
マインドセットと習慣リセット

椎奈、生まれ変わる

美子宅
私つみたてNISAを始めようと思うの 一緒にやらない？
僕も最近 気になってたんだ
栄美宅
はい お代わりのビールね
あれ？ これビールじゃ ないじゃん
お酒
実は節約を始めたの 沖縄でお金について 考える機会があってね
だから英樹にも 少し協力して もらいたいんだ
お… おぅ
椎奈宅
椎奈さんは お金を貯めたいのか 推し活をしたいのか どっちなんですか？

給料も安いし生活していくだけでも大変なのに私は残りのお金をほとんど推し活で使っちゃってる
ライブ代 遠征代 グッズ代 etc.…
苦手なことにはどうしても実力を発揮できないんですよ
僕は仕事が大好き でも掃除やお皿洗い洗濯は苦手 だからそこは家政婦さんにお願いしてるんです
Work
House work
苦手なことをやって時間をとられたり嫌な思いをするくらいならお金はかかるけど家政婦さんにたのんで浮いた時間を仕事に当てたほうがお金は貯まる
私も推しの顔ならいつまでも見てられる…
キャッ
つまり
椎奈さんは本気でお金がほしいと思ってないんですよ

例えばお酒が好きで
それに価値を感じている人に
お酒をやめさせるのは
なかなか難しいんです
ゲームや
ギャンブル、
コーヒー、
タバコもそう
僕なんて
お酒もコーヒーも
タバコもやりませんよ
なぜなら価値を
感じていないから
その分
お金も使わないし
いいことずくめです
価値
栄美さんの
旦那さんみたいに
お金がマイナスに
お金が
プラスに
あり
なし
¥
¥
tobacco

特にコーヒーは
いいことないです
中毒性があるから
1杯飲んだら
2杯目も飲みたくなる
買いに行ったら
お金がかかる
家にいても
淹れる時間を
とられる
色素が沈着するから
歯のクリーニングも
必要になる
そこですか!
フフッ

金運を上げるには歯がきれいなほうがいいです
だからこまめに歯のクリーニングをしているんですがコーヒーをやめてからクリーニングの頻度が落ちました
私の考えですが…
金運を上げる方法ほかにもいっぱい言ってたよなぁ
これらができていれば勝手に金運が上がると思っています
靴をきれいに磨く
ハンカチを持つ
爪をきれいにする
シャツにはアイロンをかける
お金の話をすると汚いと思う人がいまだに多いけどお金はきれいなものだからきれいなところに集まるんですよ
はっとりさんお財布も見せてくれたな
運転免許証
僕の場合は船の操船免許も入ってます
クレジットカードは2枚だけ
・仕事の経費用
・プライベート用
銀行のキャッシュカード
財布の中のお札の向きを合わせる
レシートを財布の中にためない
レシートはその日のうちに出してほかの場所にキープ!

そういえば お金に余裕のある美子は お財布も小さいし 爪もきれいにしてるよなぁ
髪もお肌もツヤツヤだし
それにしても私の家 散らかってるなぁ
むくっ
どっさり
好きで集めた 大量の推しグッズも 大切にしてないかも しれない
DVD
あ！ そうだ はっとりさんの YouTubeを 見てみよう
相変わらず 元気そう！
どうも はっとりです
うわっ お部屋もめっちゃ きれい

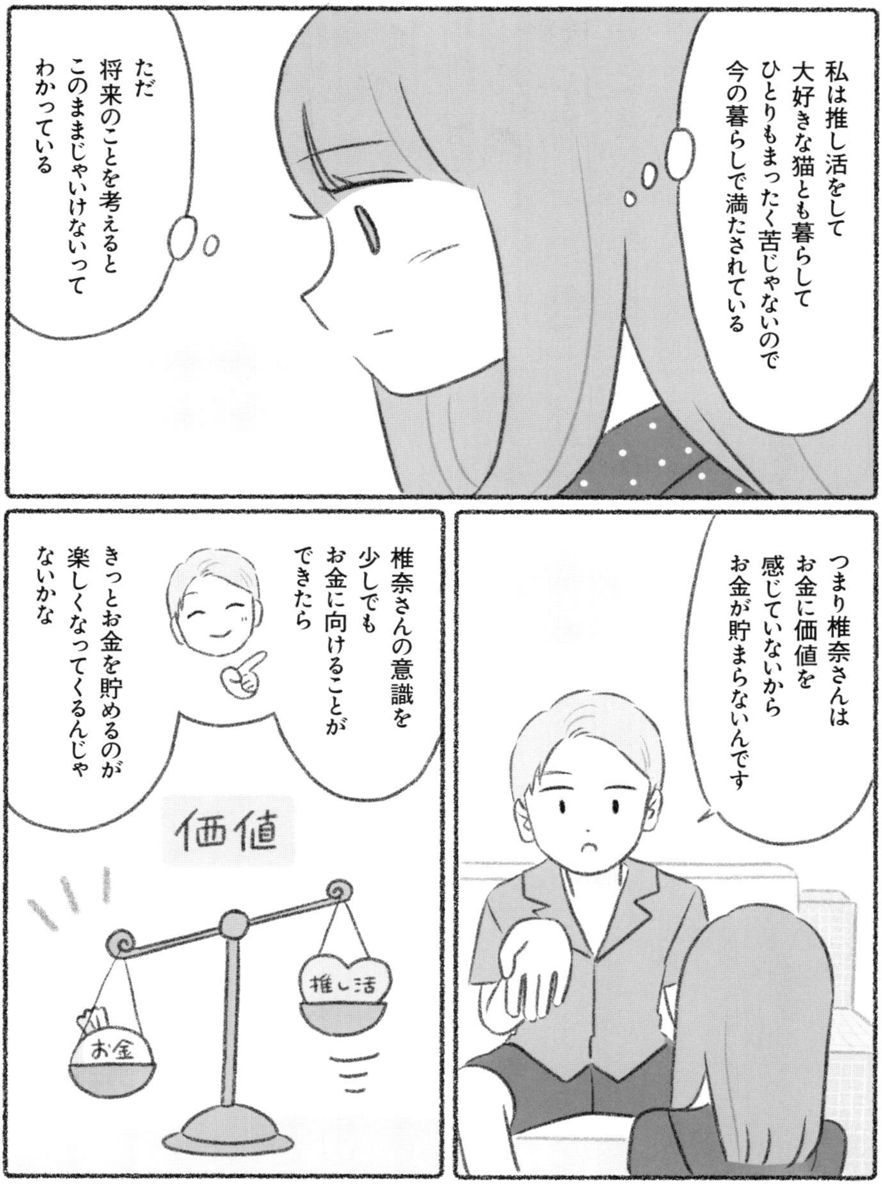
私は推し活をして
大好きな猫とも暮らして
ひとりもまったく苦じゃないので
今の暮らしで満たされている
ただ
将来のことを考えると
このままじゃいけないって
わかっている
つまり椎奈さんは
お金に価値を
感じていないから
お金が貯まらないんです
椎奈さんの意識を
少しでも
お金に向けることが
できたら
きっとお金を貯めるのが
楽しくなってくるんじゃ
ないかな
価値
推し活
お金

バッ
チャリン
500
¥
ロンドン大学の研究によると人は21日間続けるとその行動が習慣化されます
66日間続けると身体習慣といって体のリズムとして刻まれます
さらに180日間続けると思考習慣として定着します
するとやらないほうが気持ち悪くなる!
21日
行動習慣
66日
身体習慣
180日
思考習慣
習慣化か…とりあえず明日も小銭を入れてみよう
カキカキ
そして毎日続けてみよう
コン
毎日小銭を貯金箱に入れる
キュキュ
毎日小銭を貯金箱に入れる
1万円貯まったら
つみたてNISAに!

うわっ
懐かしい！
私むかし
このアイドルの言葉に
救われたんだっけ
でも
今のいちばんの推しは
Jくん♡
そこまで
興味がないのに
ダラダラとお金を
払い続けるのは
習い事をやめられ
ないのと同じ
結果は
出ていないのに
教材が高かったから
ってやめられない
僕のツイッターの
ヘッダーに書いてある
〝好きに生きる〟
というのは
「自分が付き合う人や
好きな人は
自分で選べる」ということ
好きに生きる
はっとり @Hattori_bkk
今好きかどうかは
常にアップデート
したほうがいい
これが「習慣リセット」です
習慣リセットか……
これメルカリで
売ってみようかな
メルカリやり方
メルカリ初心者ガイド

はっとり流マインドマップで思考を明確にする

考えの中心となる言葉を書き、そこからイメージされるキーワードを繋げていくと、やるべきことが明確になってきます。

はっとりのマインドマップの例

ビジネスの成功

- **人**：「人の才能・知能・性格はいくらでも変わる」という考え方を持つ
- **お金**：お金だけじゃなく人を見る
- **仕事**：いくらビジネスを学んでも、マインドセットがなければ成果は出ない

ビジネスが成功する方向に自分の考えをシフトさせる

ビジネスの成功は、お金が増えることに直結します。僕は常に、自分のビジネスが成功するようにと考えています。つまり、無意識の思考や行動パターンもお金が増えるほうに向かっているということです。すると不思議なことに、実際にお金が増えていきます。

目的に対してしっかりとしたビジョンを持つことを「マインドセット」といいます。僕もかつては、ビジネスの成功に対して漠然としたイメージしか持てていませんでした。そんな状態では、時間をかけてもうまくいきません。心がビジネスやお金に向いていないからです。そんなときはマインドマップを作成するのがおすすめ。連想するキーワードを書いていくことで、思考が明確になり、自分でも気づかなかった本来の目標や方法論などが見えてきます。

中心となる言葉から連想するワードを書き出す

やり方は簡単。僕の場合は、ビジネスを成功させるには何をした

お酒やゲームよりも
仕事に価値を感じられれば
お金は自然と貯まります
価値
なし
あり
なるほど〜!!

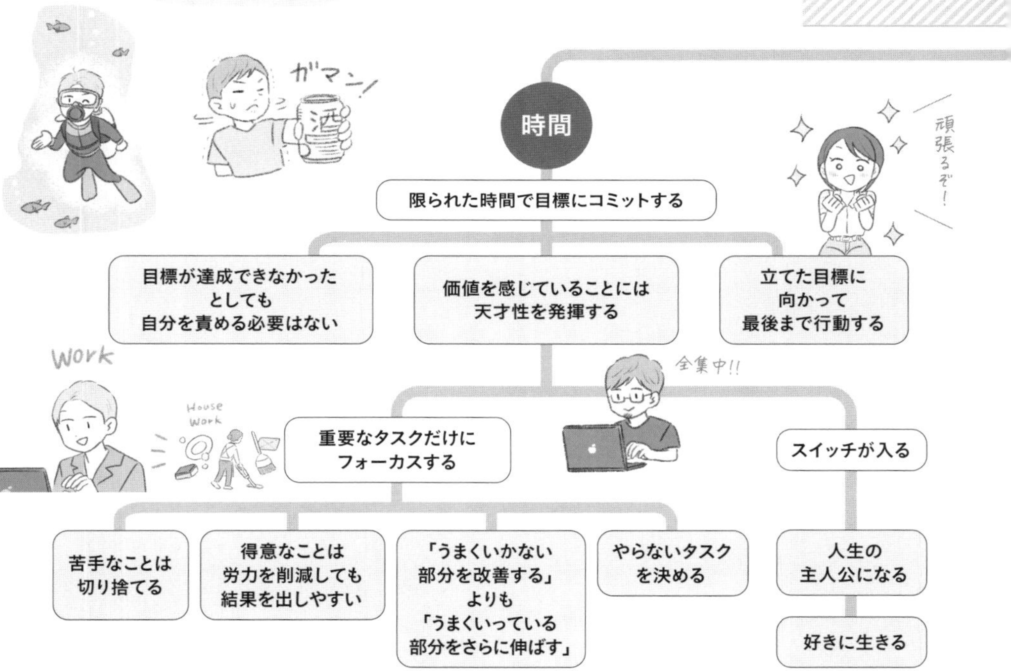
ガマン!
酒
頑張るぞ!
時間
限られた時間で目標にコミットする
目標が達成できなかったとしても自分を責める必要はない
価値を感じていることには天才性を発揮する
立てた目標に向かって最後まで行動する
WORK
House Work
全集中!!
重要なタスクだけにフォーカスする
スイッチが入る
苦手なことは切り捨てる
得意なことは労力を削減しても結果を出しやすい
「うまくいかない部分を改善する」よりも「うまくいっている部分をさらに伸ばす」
やらないタスクを決める
人生の主人公になる
好きに生きる

らよいかを考え、浮かんできたワードを「ビジネスの成功」という言葉からツリー状に書き出しました。そのあとは、そのキーワードから連想する言葉をさらに書き入れます。そうやって作ったのが上のマインドマップですが、これを見ると、上のほうのキーワードは漠然としていますが、下にいくにしたがって、より具体的な行動が見えてきます。

僕の場合は、目標にコミットするためには「苦手なことは切り捨てる」「やらないタスクを決める」「うまくいっている部分をさらに伸ばす」のが大切だということがわかりました。こうやって「見える化」すると、目標までの道のりが明確になりますよ。

sold
sold
また売れた！めっちゃ楽しい
ピコン ピコン
私って商売向いてるのかも?!
sold
DVD

Chapter 5

自己投資して副業の世界に飛び込む

智の転機

日差しがだんだん暖かくなってきたある日
美子、聞いてくれ
俺、会社辞めたいんだ
え！どうして？
今、出版不況だろ
うちの会社の売上げも減ったから
給料も減らされて
人がどんどん辞めてるんだ
そのしわよせで残業も多いかと思ったら
仕事がなさすぎて暇を持て余してることもあるんだ
そうだったの…
ねぇ智 こないだ沖縄で会ったはっとりさんの話したでしょ？
ああ
せっかくだから オンラインで はっとりさんに仕事を辞めてお金の心配がないか相談してみない？
はっとりさんこんにちは
オンラインでぜひ相談したいことがあるんですが…
カカカカカ…
シュポッ
ピコン
美子さん お久しぶりです
土曜日の13時からなら大丈夫です

そして当日
というわけで夫が会社を辞めたいと言い出しまして…
智さんのモチベーションが下がっているのはわかりました
でもフリーランスとしてやっていけるツテはあるんですか？
ええと…
なくはないですが…
そんな不安な状態でいきなり会社を辞めるのは得策じゃないですよ
仕事が暇な時期もあるんですよね？
はい
だったらまずは副業を始めてみるのはいかがでしょうか？
今は政府も副業を推進しているくらいですから！
本業
ブックデザイナー
副業
？
でも一体何をすればいいんでしょうか？
さっぱり…

副業にはいろいろありますが初めは難易度の低いものからトライするのがおすすめ
副業の難易度はざっとこんな感じです
スキルを磨くためには自己投資する必要があります
つまり勉強するってコトです
難易度1
○せどり(転売の一種)
○ハンドメイド
○動画編集 …1カ月くらい勉強すればできる
○オンライン秘書 …ただし、顧客をどこで探すかがカギ
○家事代行サービス
難易度2
○アフィリエイトブログ
○コンテンツ販売
○Webライティング
○YouTube …収益化するにはセンスも必要
○カウンセリング
難易度3
○コンサルタント
○Web制作 …技術を習得するまでに最低半年
○Webデザイン
○通訳
○コーチング
!
こんにちは
Hello

もちろん
もともと スキルがある人は それを応用できる 副業を選ぶのが いいでしょう
うーん
どれも難しそうに 感じちゃうんだよな〜
智さんは ブックデザイナーなんだから 紙もののデザインが できるってことですよね？
カタログとか チラシとか…
センスもあるんでしょ？
まぁ… それなりには
謙遜《けんそん》なんて しないでください！
チャンスを 逃しますよ
だったら本来なら 身につくまで時間がかかる Webデザインや Web制作も 比較的早くできるように なると思いますよ
ブック デザイナー
制作
Web デザイン

たしかに！ そうだよ智
Webデザインができるようになったらとりあえず自分でホームページを立ち上げて仕事を請け負ってみては？
名刺やチラシ作りの紙ものから
ブックデザインなどの紙もの・Webデザイン・Web制作の三本柱でサポートします！ みたいな感じですよ
これだけあれば お金の面も 安心！
work
ブックデザイン
Webデザイン
Web制作
本業
副業
きっと需要があると思うなぁ
たしかに今の仕事は会社が受けてくれているけど もしも個人でお客さんが取れたら なんとかやっていけるかも
仕事の幅も広げて
まずは学んでみてください！

でも残業も多いから習いに行く時間は作れないな…
何言ってるんですか! 本がありますよ
え!?
セミナーに出席するとか講座で学ぶとかオンラインサロンに入るとか自己投資の形はいろいろあるけど
セミナー
オンラインサロン
最高の自己投資は本を読んでアウトプットすること!
自己投資
本は１５００円くらいなのにそれをしっかり読んで理解して行動すれば最高の学びになるんです
Webデザイン入門
たしかに!
この1冊で基礎が身につく

ちなみに月に1冊本を読む人は2人に1人
1/2
1万人、本を読む人がいるとしたら読んで行動する人は100人
100/10000
1万人
100人
さらに行動の継続ができる人はたった1人なんです
1人
本を読んだ時点で勝ち組に近づけます
そしてそれを身につけることができる人にはお金もついてきます
最高の自己投資は高い勉強教材を買うことじゃない
本を買って読んで行動すること！
それがいちばん安いし！

で……でも
技術は身についても
お客さんが取れないかも
しれない
俺はそれがいちばん
怖いんです
宣伝すれば大丈夫！
自分がやっている
事業を宣伝するのは
SNSでフォロワー数を
伸ばすのがいちばんです
ちなみに僕は
Twitterを始めて
1年でフォロワー13万人を
達成しました
おかげで
コンサルなどの
仕事も増えて
こうやって石垣島で
悠々自適に
暮らしています
もし困ったら
また連絡してください
SNSを使った
ビジネスコンサルも
僕の仕事のひとつなので
僕も副業
たくさんしています
ありがとう
ございました！
バサッ
俺ちょっと
本屋さんに
行ってくるわ
うん！
行ってらっしゃい

それぞれの道へ

へー!! 智さんがやる気に なったんならいいね
じゃあまた
…
はっとり
@Hattori_bkk
私もはっとりさんに 相談してみようかな
はっとりさん お久しぶりです!
椎奈さん なんだか顔つきが 変わりました?
へへ… 実は私 家の不用品を メルカリで 売り始めたんです
それはいい 傾向ですね!
家もきれいに なるし お金も貯まるし 一石二鳥です
昔は宝物 だったん ですケドね
ものを売って スペースができてくると 家を片付けるのが 楽しくなってきて もうこんなに きれいになりました
おお
スッキリ
私も智さんみたいに 副業始められたら いいけど 特技とかないしな〜
テヘ

うーん…
椎奈さんはK-POPアイドルが好きなんですよね 韓国語はしゃべれるんですか？
いえ、しゃべれないです
なんで？そんなに好きなのに！
もったいないですよ
せっかくだから韓国語を学んでみるのはどうですか？もしかしたら簡単なガイドや韓国に関するライター業などができるかもしれませんよ
韓国に関わるお仕事
好き
K-POP
韓国語
それだ！
Jくんが何を話しているかもっと知りたい
私やってみます！
スクッ
うんうん
1500円お預かりします
Jくんの動画見ながら勉強しよ♥

はっとりさん お久しぶりです〜
そろそろ 栄美さんから 連絡がくると 思ってましたよ
美子さん 椎奈さんに 続いて
うふふ 見破られて いましたか
栄美さんは今 パートで働いていますが お子さんが 生まれる前までは…
保育士を やっていました
子どもが大好きで
だったら 話は早い!
Twitterで “元保育士で現役ママ” としての育児アドバイスや あるあるネタを流してみて
頑張ってTwitterで 発信を続ければ そこから栄美さんに 話を聞いてほしい という人も増えるはず
栄美
現役ママ
元保育士
育児アドバイス
育児あるある
発信
知りたい
発信
親

同時にスキルマーケットで栄美さんの育児カウンセリングを開くのも手です
サイトやアプリ
栄美の育児相談室
5歳の息子がいます ご相談です
おまかせください
ココナラやストアカなど
！
とにかく動くこと！発信すること！
SNSは名刺代わり
フォロワー数を伸ばしながらブランディングすれば自分の商品も売れます
え？商品って!?
カウンセリングのことですよ うまくいけば執筆依頼なんかもくるかも
フォロワー増
閲覧
栄美の育児相談室
♡イイネ リツイート
あと保育士さんってことは手先も器用ですか？
はい 園では製作物もあったので
では手芸マーケットサイトで売ってみるのはどうでしょう？
minne Creema STORES などなど
そうか！考えたことなかった
育児関係で
入園セットの巾着袋とか作ったら売れるかも！

そうそう
夫も最近
ゲーム課金をやめて
節約したお金で
投資を始めたんです
もともと
ゲーム性の高いものが
好きだから
「これが副業でもいいかな～」
とか言い出しちゃって
いい傾向ですよね！
だめだめ！
No!
?!
投資を
副業にするのは
リスクが高いです
本気で勉強している
お金のプロでも
失敗するほどですから
英樹さんのことだから
スリルを求めて
リスクが高いけど
うまくいくと
大きく儲かるような
投資に手を出そうと
しているんじゃないですか？
ギク
じ～～～
そうかも！
たしかに…

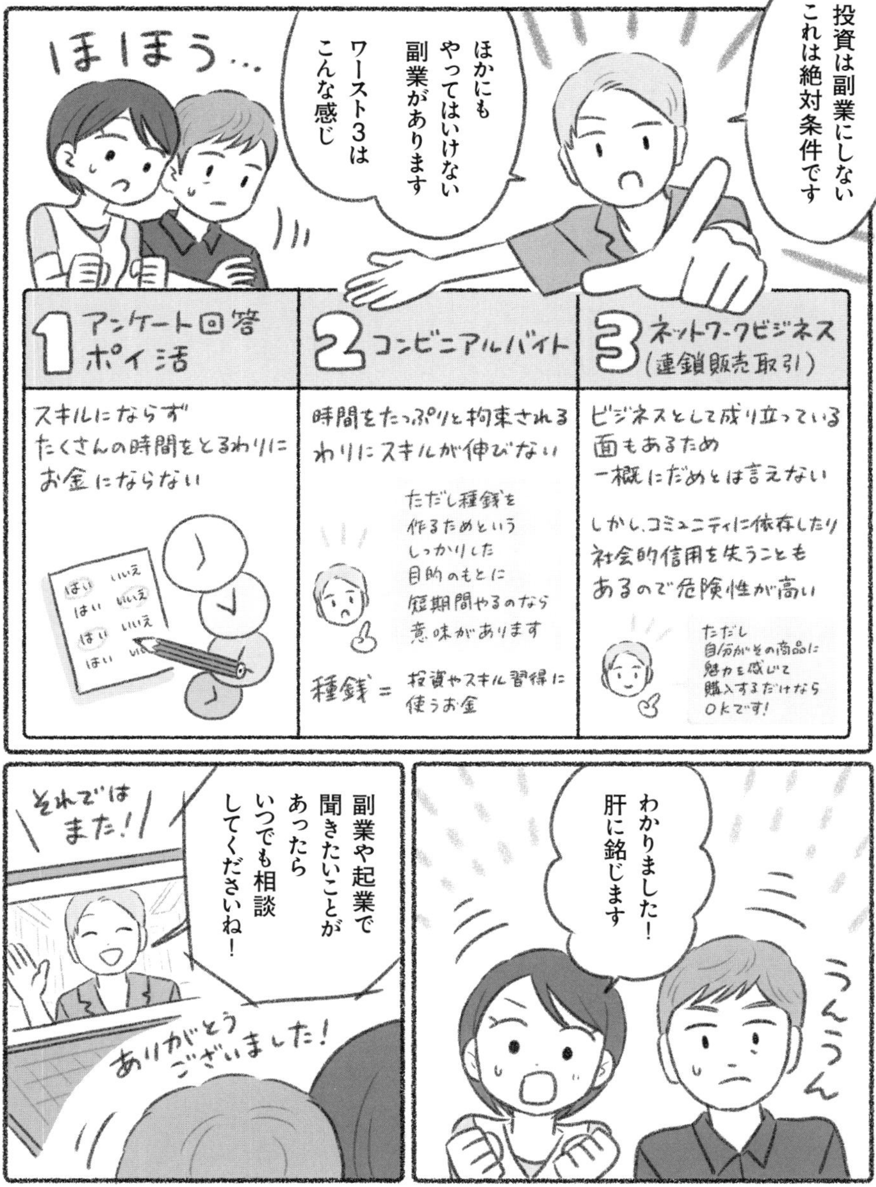
投資は副業にしない これは絶対条件です
ほかにも やってはいけない 副業があります ワースト3は こんな感じ
ほほう…
1 アンケート回答 ポイ活
スキルにならず たくさんの時間をとるわりに お金にならない
2 コンビニアルバイト
時間をたっぷりと拘束されるわりにスキルが伸びない
ただし種銭を 作るためという しっかりした 目的のもとに 短期間やるのなら 意味があります
種銭＝投資やスキル習得に使うお金
3 ネットワークビジネス (連鎖販売取引)
ビジネスとして成り立っている 面もあるため 一概にだめとは言えない
しかし、コミュニティに依存したり 社会的信用を失うことも あるので危険性が高い
ただし 自分がその商品に 魅力を感じて 購入するだけなら OKです！
わかりました！ 肝に銘じます
うんうん
副業や起業で 聞きたいことが あったら いつでも相談 してくださいね！
それではまた!!
ありがとうございました！

いろいろな自己投資で可能性を広げよう

節約や副業でお金ができたら、ぜひやってほしいのが自己投資。
自分の可能性を広げ、よりお金をつかむチャンスに恵まれます。

セミナーに参加する

自分の興味のあることを専門家がより詳しく解説してくれます。

メリット

- 専門家と知り合うことで刺激をもらえる
- 同じ立場の人と交流するチャンスも

デメリット

- お金をかけたのに学びを得られないことも
- 高額な教材費がかかることがある

オンラインサロンを利用する

自宅にいながら、専門家から技術を学べたり、仲間と交流ができます。

メリット

- コネができて仕事がもらえるかも
- いっしょに切磋琢磨する仲間ができる

デメリット

- 人数の多いサロンだと、発言機会が少ない
- 自分が求めている形と合わない可能性も

教材を購入する

各種団体が、さまざまなオンライン講座の教材を販売。家にいながら資格が取れます。

メリット

- カリキュラムをこなせば資格が取れる
- 相性がよければ、わかりやすく学びやすい

デメリット

- 比較的高額なカリキュラムが多い
- 最後まで続かなかったときに金銭面で痛い

本を読む

興味のある分野の解説書を買って勉強。自分のペースで進められるのも魅力です。

メリット

- 1冊1000円前後なのに、情報が詰まっている
- きちんと身につければ、最高の学びになる

デメリット

- わからなくても質問できる人がいない
- 1人でモチベーションを上げる必要がある

こんな自己投資はNG

❗ 学ぶだけで行動しない

どんなに一生懸命学んで理解しても、それを行動に移さないと意味がない！

❗ お金がかかりすぎる

情報を得るために多額の資金を要求してくるセミナーは詐欺かもしれないので注意！

❗ 結果が出ていないのにダラダラと続ける

やっても結果が出ないのは向いていないから。時間がもったいないので、次に行こう！

実はこんなことも自己投資

運動や筋トレをする	生きる上で何よりも大切なのは健康な体。適度な運動を取り入れて
人脈を作る	人の縁でいい仕事をもらえることもある！
見た目のケア	美しくなるというよりは、清潔感が大事！
持ち物をブラッシュアップする	よいモノを身につけることで運気が上がるかも

節約して貯めたお金をそのままつみたてNISAに回してもいいのですが、本当のところを言うと、僕はそのお金を自己投資に回してほしいと思っています。自己投資することでスキルを磨き、副業で稼ぐ力を身につけて、さらにさまざまな投資にトライするのが成功への近道だと考えているからです。

自己投資と聞くと「高額な商材やセミナーの購入」と考える人も多いでしょう。でも、自己投資の方法はいろいろ。漫画でもお伝えしましたが、いちばんのおすすめは「本を読む」こと。そして得た知識を実践すること。これはセミナーやオンラインサロン、教材などで学んだ場合も同じ。何よりも大事なのは、行動することです。

国が推進する“リカレント教育”でおトクに学ぼう

社会人になってから、自分の必要なタイミングで学び直すリカレント教育。近年、国も大きく力を入れるようになりました。

【高等職業訓練促進給付金】

どんな制度？

ひとり親の方が看護師などの国家資格やデジタル分野などの民間資格の取得のために修学する場合に、月10万円の支給が受けられます。（条件あり）

取得できる資格■社会保険労務士、税理士、弁理士、看護師、栄養士、ファイナンシャルプランニング技能士など

【教育訓練給付金】

どんな制度？

厚生労働大臣が指定する教育訓練を修了すると、訓練費用の一部が支給されます。対象の教育訓練は１万4000講座以上。働きながら受講することも可能。

70％支給■介護福祉士、看護師、美容師、歯科衛生士、調理師など
40％支給■税理士、大型自動車免許など

社会人の学びを応援する

「マナパス」

https://manapass.jp/

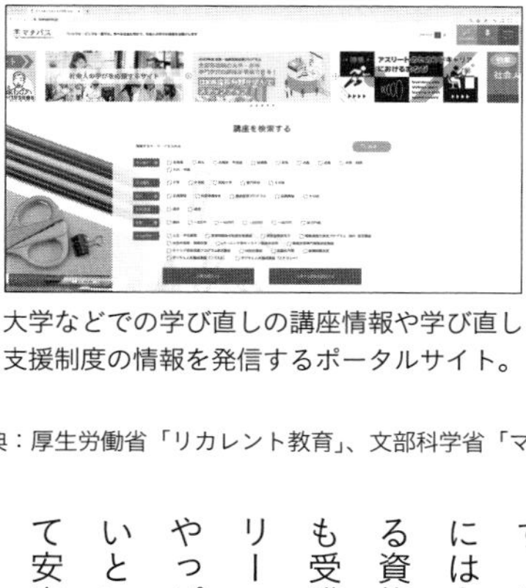

大学などでの学び直しの講座情報や学び直し支援制度の情報を発信するポータルサイト。

【キャリアコンサルティング】

どんな制度？

在職中の人で、自分のキャリアを伸ばしたい人向け。キャリア形成サポートセンターで、キャリアコンサルタントに無料で相談することができます。

支援の主な目的■職場定着やキャリアアップへの支援、自己や仕事に対する理解を深める相談、キャリアプランの作成支援

出典：厚生労働省「リカレント教育」、文部科学省「マナパス」より抜粋

社会人になってから、もう一度学び直したい、違うキャリアを歩み直したいと考えている人も多いはず。でも、お金や時間がないからと諦めていませんか？　実は厚生労働省は社会人の学び直しにかなり力を入れているんです。

特に「教育訓練給付金」制度に大注目。国が資格取得に対する資金を40〜70％援助してくれるんです。対象資格は多岐にわたり、中には土日開催やオンラインで取れる資格もあるので、働きながらでも受講できます。なんとなくサラリーマンになってしまったけど、やっぱり今からでも資格を取りたいという人や、スキルを身につけて安定した職につきたいという人にもおすすめです。

学びながらお金がもらえる!? ハロートレーニング

**ハローワークで受けられる職業訓練が「ハロートレーニング」と改称。
雇用保険を受給できない人へのサポートも充実しています。**

雇用保険を受給できない人は

【 求職者支援訓練 】

月10万円の給付金あり

自営業を廃業するなど、雇用保険に加入していない失業者向け。一定の条件はあるものの、月10万円もらいながら訓練が受けられます。

パートをしながらでもOK

パートをしている場合でも、収入が月12万円以下でかつ世帯収入40万円、金融資産300万円以下なら訓練を受ける資格あり。

※その他条件あり

実施機関

民間教育訓練機関など

- **基礎**／ビジネスパソコン、オフィスワーク
- **IT**／Webアプリ開発、Javaプログラマー
- **営業・販売・事務**／経理事務、営業販売
- **医療・福祉**／調剤事務、保育スタッフ
- **デザイン**／DTP、Webデザイン
- **その他**／３次元CAD活用、ネイリスト

訓練期間：２〜６カ月

※パート就労者が対象のコースは２週間から

雇用保険を受給している人は

【 公共職業訓練 】

失業保険をもらいながらできる

職業訓練によるスキルアップを通じて、早期再就職を目指すための制度。失業保険の基本手当をもらいながら、受講できます。

受講手当が１日500円出る

受講手当として、１日につき500円もらえます。その日のお弁当代くらいにはなりそう。通所にかかる交通費なども別途支給。

実施機関

● 国（ポリテクセンター）

機械系、電気・電子系、居住系など「ものづくり分野」の基本知識や技能が学べます。

● 都道府県（職業能力開発校）

観光ビジネス、時計修理、陶磁器製造など地域の人材ニーズを踏まえた訓練が受けられます。

● 民間教育訓練機関など

パソコンの基礎やプログラミング、Webデザイン、経理、事務など幅広い分野から選べます。

訓練期間：３カ月〜２年

出典：厚生労働省「ハロートレーニング（公共職業訓練・求職者支援訓練）の全体像」より抜粋

　ハローワークでは、仕事を探している人の就職先を探すだけでなく、その人の技能を伸ばし、キャリアアップするための支援も行なっています。雇用保険に加入していれば、失業保険の基本手当を受給しながら受けられるのもポイント。不適切なセミナーを受けてお金を減らしてしまう前に、お金をもらいながら受けられる訓練から始めてみても損はありません。

　フリーランスや自営業などで、雇用保険に加入していない人のサポートも充実。月10万円の給付金をもらいながら、訓練が受けられます。給付金をもらえる条件に当てはまらなかった人も、訓練自体は無料で受けられるので、利用してみるのも手です。

自宅にいながら学べる“巣ごもりDXステップ講座”

**経済産業省が紹介している、デジタルスキルを学ぶことができるオンライン講座。
たくさんのコンテンツを無料で視聴できます。**

誰でも無料で閲覧できるオンライン講座があります。これは経済産業省がやっている事業で、今までデジタルスキルを学ぶ機会がなかった人に対して、新しくトライするきっかけになればと始めたもの。興味のある分野をサイトで検索してみて。自宅で、自分のペースで進められるのが魅力です。

副業のスキルを学べるおすすめ講座

● グラフィックデザイナーになる

講座レベル:基礎　標準受講時間:38時間57分

Photoshop・Illustrator・InDesignの基本的な使い方やデザイン理論などを学ぶ。

● Web開発者になる

講座レベル:基礎　標準受講時間:30時間52分

Webプログラミングの基礎であるHTMLやCSS、JavaScriptなどをイチから学習。

● Androidアプリ開発者育成講座

講座レベル:基礎

標準受講時間:全コースで64時間

システム開発全般を網羅。Javaやデータベース、Androidなど5つのコースが受講可能。

「マナビDX」というポータルサイトから講座を探せますよ!

出典:経済産業省「巣ごもりDXステップ講座情報ナビ」より抜粋

仕事と子育てを両立したいならマザーズハローワークへ

**出産や子育てをきっかけに仕事を辞めてしまうと、復職は難しい。
そんな女性のニーズに特化したハローワークがあります。**

マザーズハローワークの特徴

❶子どもを遊ばせながら相談できる

ベビーカーが横付けできる広い相談コーナーや子どもを遊ばせられるコーナーもあります。

❷仕事と子育ての両立に理解のある企業からの求人もあり

「急な病気のときに休暇が取れる」など、子育てと両立しやすい仕事を専門スタッフが紹介。

❸無料託児サービス付きのスキルアップセミナーも開催

子どもを無料で預けて、スキルアップやビジネスメイクなどの無料セミナーを受講できます。

出典:厚生労働省「マザーズハローワーク」HPより抜粋

全国のハローワークの求人以外にも、子育てとの両立に理解のある企業からの求人も独自に受け付けて限定公開するなど、女性の復職を全力でサポート。マザーズハローワークのない自治体もありますが、その場合は代わりに、ハローワークの中にマザーズコーナーが用意されています。

子どもを預けられない人でも就職活動ができますよ!

幼稚園や
保育園で使う
巾着袋は売れる！
手作りが苦手な
お母さんもいるから
minne
巾着袋
コップ袋
ダダダダ

Chapter 6

資産を運用してみよう！

iDeCoのメリット

ケーキおいしいね
私、また はっとりさんに 相談したいことが あるんだけど
わかる〜 だったら今 連絡してみない?
いいね〜 じゃあ かけてみよう
はっとりさん! こんにちは〜
どうしたんですか? 急に!
ちょうど休憩中だったから大丈夫ですが
実は 相談したいこと があって
つみたてNISA 以外にも なにかできることが あったら やってみたいんです
余裕があるのなら 積極的に運用するのは いいことですよ!
どれくらいの余裕が 必要かは 家族構成によって 変わります

例えば子どもがいて急なお金が必要になるかもしれない青田家は1年分の支出くらいは預金としてとっておきたい
ほうほう
1年分
旦那さんと2人家族の鈴木家はお互いにカバーし合えるので支出の6カ月分
6カ月分
1人暮らしの椎奈さんは支出の3カ月分くらいあれば生活は守れるはずです
3カ月分
つまり
青田家 約40万円×12＝480万円
鈴木家 約43万円×6＝258万円
佐藤家 約18万円×3＝54万円
超えたら
資産運用へ
この金額は、いつでもおろせるように普通預金の口座にとっておきます
これよりもお金が貯まったら、資産の運用を考えてみてもOK！

以前お伺いした貯蓄額は
貯蓄額
青田家 520万円
鈴木家 600万円
佐藤家 30万円
OK
椎奈さんは24万円足りない
だから青田家と鈴木家はもうスタートしていい状態です
椎奈さんはまずは節約!
お金を貯めて目標額に達してから動いてください
まず
節約
続けて
節約
栄美さんも節約は続けましょう
それから私たちは自分ができることを精一杯やってみることにした
保育士あるある
ガマン!
酒
webデザイン
メルカリ
sold
通帳
そんなある日
はっとりさん
ついに俺会社を辞めて独立しました!
イエーイ!!

おめでとうございます！フリーランスになったのならおすすめの資産運用があります
それはiDeCo 政府が推し進めている私的年金で特徴はこんな感じ
iDeCoとは
○公的年金にプラスできる私的年金
○65歳未満ならほとんどの人が始められる
○積み立てておいて、60歳以降に受け取れる
○自分で商品を選んで運用できる
ただし、投資信託系の商品を選ぶと元本割れするリスクはあります
○掛金が所得から控除される（税金がかからない＝節税になる）
○運用益も非課税
ちょっと一般NISAに似ていますね 節税にもなるみたいだしみんなやったほうがいいのでは？

いやいや iDeCoには「60歳を過ぎないと受け取れない」というデメリットがあるんです
なので青田家のように子育てで急にお金が必要になったりこれから家を買いたいという望みがあったりする人にはおすすめできません
自分のお金なのにいざというときに下ろせないんだから
なるほど〜
でもフリーランスになると厚生年金がなくなるから智さんが今お金に余裕があるのなら自分の老後のためにやっておくのは悪い選択ではないと思います
iDeCoのいいところは掛金が所得控除の対象になること
掛金
OK
所得控除
(小規模企業共済等掛金控除)
さらに運用益も非課税のまま再投資できます
60歳過ぎてから
非課税
受け取り
運用益
もちろん受け取るときも控除の対象に

だから
① すでに持ち家があり、これから大きなお金を動かすことがない
② 副業で年収が増えていて税金で多く取られる可能性がある
③ これからフリーランスになるので厚生年金がなくなる
この3つの条件に当てはまる人にはおすすめの制度と言えますよ！
フムフム
まさしく僕ですね！
iDeCoは人によって掛金の上限が異なります
自営業 フリーランス 学生　月額 6万8000円
公務員　月額 1万2000円
専業主婦 会社員（企業年金なし）　月額 2万3000円
運用商品は定期預金，保険商品，投資信託から選べます
つみたてNISAと同じように楽天証券やSBI証券でも始められますよ
とくに年収の上がりそうな智さんは節税という面から見てもiDeCoがいいですよ
ほおほお
ほかにも簡単にできる節税としては「ふるさと納税」もおすすめです
ふるさと
￥
地方の名産品などを楽しみながら節税もできる！
会社員の節税にもおすすめです
わかりました！やってみます

はっとりおすすめの資産運用法

だって
世界は米国の一人勝ち!
アメリカの金融政策が
経済的にもよい方向に
決まっているし
世界中のエリートたちが
アメリカに投資しています
だから…
アメリカの株価が暴落
したら困るのか!
その通り!
さすが美子さん
だから世界の経済は
アメリカの市場を
崩壊させないように
動く!
買うなら今!
って予想してます
デメリットは為替問題
日本が円高のときは
米国株で利益を上げても
金額によっては
日本円に替えたときに
減ってしまう恐れがあります
米国株
利益
日本円

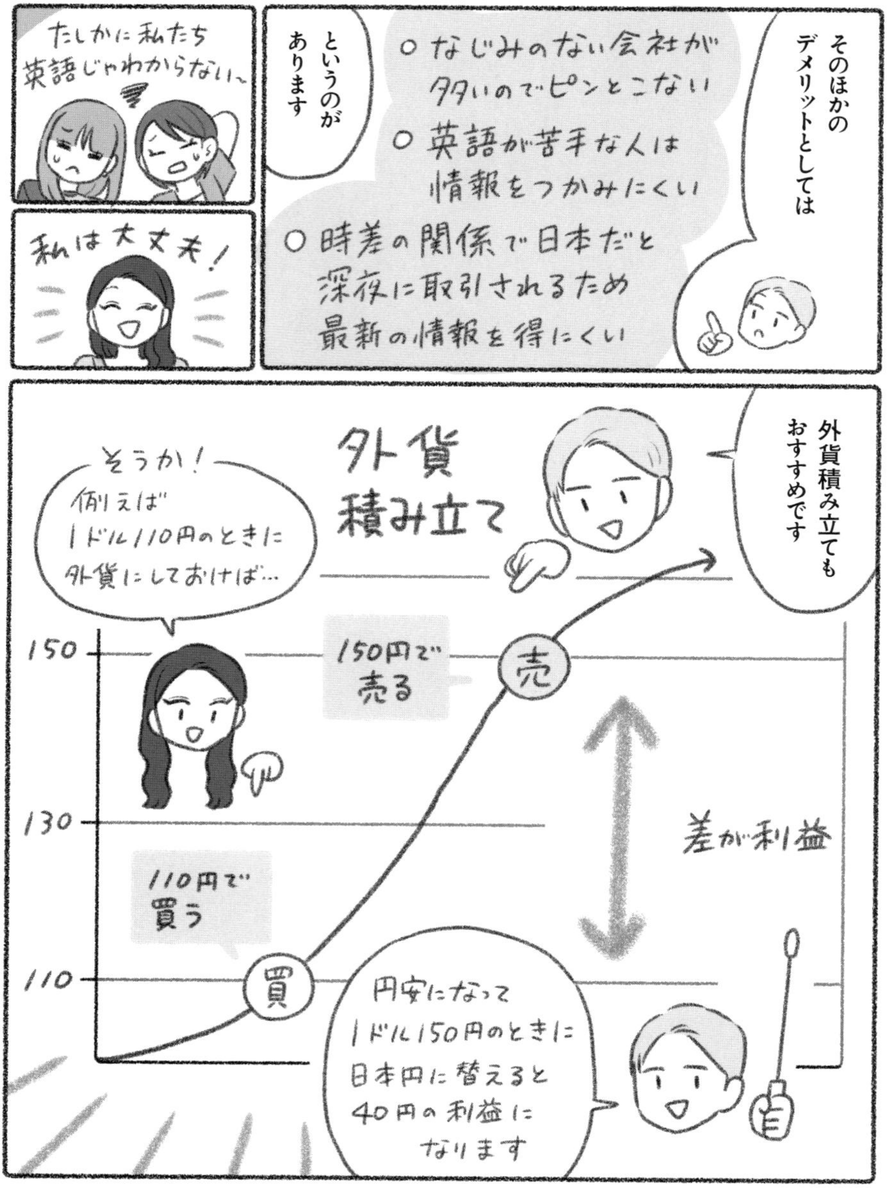
そのほかのデメリットとしては
○なじみのない会社が多いのでピンとこない
○英語が苦手な人は情報をつかみにくい
○時差の関係で日本だと深夜に取引されるため最新の情報を得にくい
というのがあります
たしかに私たち英語じゃわからない〜
私は大丈夫！
外貨積み立てもおすすめです
外貨積み立て
そうか！例えば1ドル110円のときに外貨にしておけば…
150
130
110
150円で売る
売
110円で買う
買
差が利益
円安になって1ドル150円のときに日本円に替えると40円の利益になります

あのぅ…日本の会社の株だと株主優待が受けられると聞いたんですが
たしかにさまざまな企業が株主優待を用意しています
フルーツゼリー
酒
ネットで調べるといろいろ出てきますよ
ただし株主優待が手厚い会社が業績がよいとは限りません
そうか！おいしそうな優待でお金を集めているのかも
だから株主優待狙いで株を買うときはその会社の業績をきちんと見るのが大事です
株主優待
check!
会社の業績
実際に業績のよい会社は株価の値上がりで配当金を還元しているところが多いんです
○×株式会社
業績良
配当金・還元
そこでおすすめなのが
ごくり・・・

高配当株と連続増配株です
バーン
高配当株
連続増配株
ネットにランキングが出てますよ
高配当株は配当金のパーセンテージが高い株のこと
値動きはあまりないけど配当金に期待ができます
高配当株
配当金
%が高い
期待
連続増配株は毎年配当金の額が増え続けている株のこと
つまり配当金が下がるリスクが低い株だといえます
連続増配株
毎年
配当金
増
配当金が下がるリスク低
じゃあ売り買いで儲ける感じじゃない?
デイトレーダーみたいに
どちらも株価自体の値動きは少ないので短期ではなく長期的に保持することで少しずつ資産を増やしていくイメージですね
高配当株
連続増配株
長期的に
資産を増やす
ふむふむ

そこでおすすめなのが2023年までは一般NISAで設けられた年間120万円の非課税枠を使って日本の高配当株か連続増配株に投資すること
一般NISA
非課税120万円
投資
高配当株
or
連続増配株
ただし2023年まではつみたてNISAと併用はできないので注意です
2024年からはNISAの「成長投資枠」として年間240万円まで投資できます
日本語なので情報も得やすいし株主優待を用意している企業もあるので楽しいかもしれません
2024年からはつみたてと併用できますよ!
もちろんこの枠で米国株に投資してもOK
一般NISA
投資
米国株
OK!
この枠を使わなくてももちろんできますがせっかく非課税枠があるんだから使わないともったいないですよ
非課税120万円
もったいない…
ありがとうございます!
やってみます!
子どもたちの未来のためにがんばってみます
ちゃんと進学させてあげたい
私もこれからはちゃんと将来のことを考えます…
推しだけじゃなく自分のために時間とお金を使ってくださいね!

はっとり流おすすめ投資法

**いざ投資をしようと思っても、何をしたらいいのか迷ってしまいますよね。
そんな人のために、僕のおすすめをご紹介します。**

外貨積み立て

**おすすめ度：★★★
リスク：小**

アメリカドルorオーストラリアドルで積み立てておくこと。円安のときは購入を見送るといった設定もできるので安心感があります。

投資信託（ファンド）

**おすすめ度：★★★
リスク：小**

NISAやiDeCoで選べる商品以外にも、たくさんのファンドがあります。積み立て型の商品なら1000円程度から投資することも可能。

ETF

**おすすめ度：★★
リスク：中**

上場投資信託。インデックスファンドと同様に、指数の動きに連動。低リスクで運用できますが、理解するのが難しいので中級者向け。

米国株

**おすすめ度：★★★
リスク：中**

経済の中心であるアメリカの株は、安定感が魅力。アメリカの株でうまくいかないときは、たいてい他の国の株も勢いがありません。

連続増配株

**おすすめ度：★★★
リスク：中**

長期間にわたって、配当金の額を増やしている企業の株。業績をしっかりと伸ばしてきた優良企業が多い。これも長期保有がおすすめ。

高配当株

**おすすめ度：★★★
リスク：中**

配当金の金額が高い株のこと。比較的安定した基盤を持っている会社が多いので、長期的に保有することで資産を増やしていけます。

仮想通貨積み立て

**おすすめ度：★★
リスク：大**

ビットコインやイーサリアムなどの仮想通貨を毎月一定額買う方法。リスクは高いけど、大きく値上がりすることもあるので上級者に。

金

**おすすめ度：★★
リスク：中**

鉱物の「金」自体を買うこと。価値がゼロになることはないので、株価が下落したときに上がる傾向が。1000円からでも積み立てられます。

ひとことで投資といっても、方法はさまざま。スマホでちょっと調べてみると「あれがよい、これは危険」などあらゆる情報が入ってきて、ますますわからなくなってしまうという声が僕のところにもよく届きます。

そこで、僕がおすすめする投資商品を上の表にまとめてみました。初心者のうちは、リスクの低めな安定したものから始めるのがベスト。資産がある程度できて冒険できるようになったら、リスクはあるけどうまくいけば大きく増やせるものに挑戦してみてもいいと思います。２０２４年からはＮＩＳＡの非課税枠が１８００万円まで拡大されるので、その枠を有効活用して挑戦してみてください。

円安・円高って何？

**米国株や外貨積み立てに挑戦するなら、円とドルの関係は外せない。
為替の基本知識だけは、押さえておきましょう。**

2022年には1ドルが150円を超える大幅な円安・ドル高になりました。これは円の価値が相対的に下がってしまったから。長引く不況がその一因なのではないかと言われています。ただし、円安は悪いことばかりではなく、日本製品が安く買えるので輸出が増えるというメリットもあります。

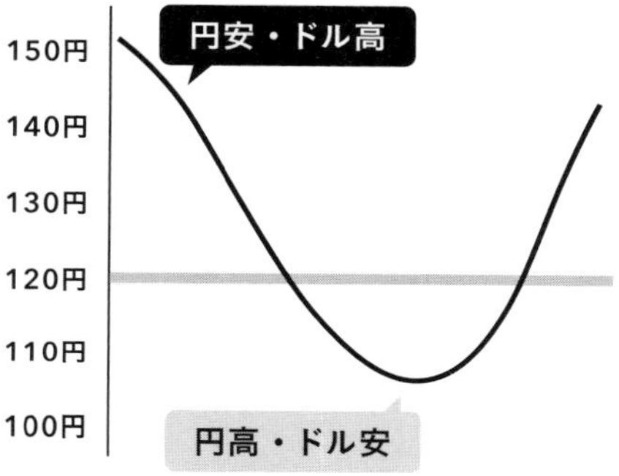

1ドル＝100円なら
300円で3ドル買える ⇒ 円高

1ドル＝150円なら
300円で2ドル買える ⇒ 円安

こんな投資は難しい……

**投資はお金を増やすよい方法ですが、中には別にやらなくてもいいものや
やってはいけないものもあるので注意が必要です。**

国債はマイナスにならないはずなので、貯金代わりにするという考え方もあるけど、利率が低い投資にお金を回すのはもったいない。とはいえ、やけに利回りがよい商品も要注意。不動産関係の投資は、詐欺が横行しています。また、未公開株などの情報もまず詐欺を疑ったほうがいいでしょう。

FX	大きく増やせるチャンスはあるが、完全に上級者向け
先物取引	プロがやっても難しい投資のひとつ。詐欺商品も多い
国債	日本国債は金利が低すぎるので、他に回したほうがいい
米国の債券	為替リスクもあるし、英語なので理解への難易度も高い

こんな投資には気をつけろ！

- **ワンルームマンション投資**
- **共同不動産投資**

ワンルームマンションを購入し、貸し出して利益を上げる投資。みんなからお金を集めて大きな不動産を運用しようという投資。調べてみたらどちらも原野商法だったという怖い話も……。

うまい話には裏がある！
＝金利がよすぎる話は詐欺の可能性も……

iDeCoってどういう制度なの？

**NISAと共に、国が肝いりで推し進めている個人年金。
そもそも、どういう仕組みなのでしょうか？　まとめてみました。**

<table>
<tr><td>積み立て期間</td><td>20〜65歳未満</td><td>積み立て方法</td><td>・月払い
・年単位拠出</td></tr>
<tr><td>受け取り期間</td><td>60歳以降</td><td>受け取り方法</td><td>・一時金受け取り
・年金受け取り</td></tr>
<tr><td>積み立て金額の上限
（月額掛金）</td><td colspan="3">【会社員】
企業年金なし➡２万3000円
企業型確定拠出年金のみ➡２万円
企業年金のみ、企業年金＋企業型確定拠出年金➡１万2000円

【公務員】１万2000円

【専業主婦（夫）】２万3000円

【自営業・フリーランス・学生】６万8000円</td></tr>
<tr><td>投資できる商品</td><td colspan="3">・元本確保型　定期預金や生命保険、損害保険等の保険商品など。元本が減ることはありませんが、大きな収益も期待できません。

・元本変動型　株式や債券などの投資信託（ファンド）。元本より下回る可能性はありますが、大きく増やせる見込みもあります。</td></tr>
</table>

2024年の改正で
積み立て限度額が
変わる予定です

最大の

メリット＝掛金が全額所得控除される

デメリット＝60歳になるまで引き出せない

　ｉＤｅＣｏとは、国民年金基金連合会が実施している個人型確定拠出年金。わかりやすくいうと「将来もらえる国民年金だけでは暮らしていけないだろうから、若いうちに個人でお金を貯めていってね」といった感じの制度です。

　ＮＩＳＡと同じように、掛金を自分で運用して、その利益も含めて給付金を受け取ります。厚生年金に加入できない自営業やフリーランスは、積み立てられる金額が多いのも特徴。ＮＩＳＡとの大きな違いは、掛金がすべて所得控除されること。サラリーマンの節税にも効果的です。ただし、59歳までは何があっても引き出せないのは痛すぎるデメリット。掛金はよく考えて設定してください。

ふるさと納税でさらに手軽においしく節税

豪華なカニが届いた!などと、喜びの声が聞こえるふるさと納税。
実は、楽しみながら節税できる嬉しい制度なんです。

応援したい地域に寄付をすると、寄付した分だけ税金が控除される仕組み。寄付できる金額は、家族構成や総所得金額、仕事の形態によって異なります。何より楽しみなのは、豪華な返礼品。新鮮な海産物や肉、アーティストのグッズ、家具、家電まで多種多様なアイテムが揃っています。

3万円ふるさと納税した場合

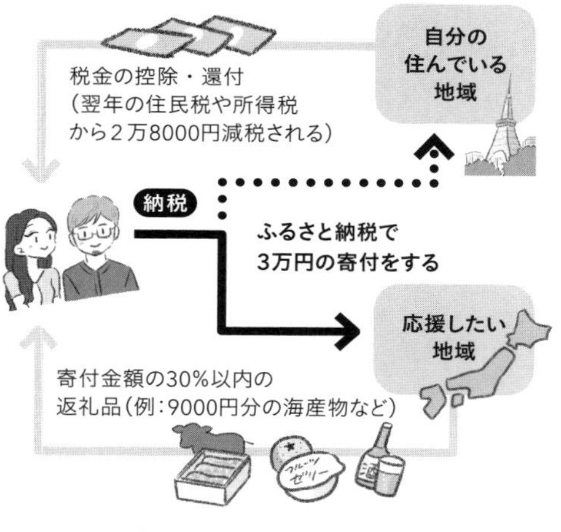

出典：総務省「ふるさと納税ポータルサイト」より引用・改編

寄付した金額から2000円を引いた額が控除されます。返礼品から寄付する自治体を選んでもOK！

いろいろな控除を利用して節税！

お金を増やす効果的な方法は「取られない」こと！
絶対避けられない税金を安く抑えることが、資産を増やすことに繋がります。

税金は所得に応じて徴収されてしまいますが、その税金を少なくするのが控除という制度です。所得控除や税制控除などあらゆる種類がありますが、中には自分から手続きをしないと恩恵を受けられないものも。もったいないので必ず期日までに必要書類を準備して、確定申告をしましょう。

控除される条件や金額

扶養控除	扶養している親族がいる場合、38万～63万円
医療費控除	年間の医療費が10万円を超えた場合の超過分
セルフメディケーション税制	自分で買った特定の医療品が1万2000円を超えた分
生命保険料控除	年間の支払い保険料が2万円以下の場合、その全額
地震保険料控除	年間の支払い保険料が5万円以下の場合、その全額
特定支出控除	仕事で使った経費のうち、基準額を超えた分
住宅ローン控除	要件を満たす場合最長で13年間、年間35万円まで

※他にも細かい条件などあり

サラリーマンでも副業をして、必要経費を計上することができれば、節税に繋がりますよ

これから美子さんはどうするつもりなの？
50歳になったしこれからは地方でのんびり暮らそうかなって
収入は惜しいけど心の健康のほうが大切
退職願

エピローグ

あれから20年、58歳になった私たち

――20年後
私たちは58歳になった60歳のいわゆる〝老後〟まであと2年
ガラガラ
私たちはまた〝大人の修学旅行〟をすることにした
新千歳空港
やったー！また快晴
私晴れ女♪
やっぱり北海道は涼しいねー！
晴れ女は私！
さっそく旅館に行こ〜！
温泉ごはんお酒楽しみ〜
私たちが集まると誰からともなく老後のお金の話題になる
足湯も景色もサイコー
ねぇねぇあれから私たち変わったよね？
とくに椎奈はね
そうだ！
あれからどうなったかみんなで報告し合わない？

まずは私から！英樹の名義で毎月3万3333円をNISAで積み立ててたんだ
ヒデキ 毎月 3万3333円
投資
NISAで積み立て
金額は上限額が上がってもそのままにしたの
平均利回りは5%だったから1370万円か！頑張ったね
普通に貯めたら800万円だったから、570万円の得！
英樹もゲーム課金をやめて毎月4万円ずつ米国株に投資してくれるようになったんだよ
平均利回り5%前後で回すことができて1650万円くらいになった！
損することもあったんだけどね
毎月 4万円
NISA
で
1650万円
(利回り5%前後)
GAME
すごーい！
しかもあれから栄美は育児のお悩みを聞くサービスを始めたんだよね
うん！
月に5回くらい予約が入るので収入は1万5000円くらいかな
1回3000円×60分のセッションだよ
あとは手芸の売り上げが月に5000円くらいあるの
1万5000円／月
5000円／月
栄美の育児相談
＋
栄美のハンドメイド
始めて5年くらいで軌道に乗ってきたのでこれで月2万円×15年=360万円！
人と話すことが多くなったから毎日が楽しいの！

このお金を使って15年前から私の名義でも2万円ずつNISAで積み立てることができたので530万円くらいになったよ
毎月
2万円
NISAの積み立て
15年
530万円
学費とかさ
子どもたちはどうなったんだっけ?
上の子も下の子も高校まではオール公立で頑張ってくれたの
めっちゃ親孝行♡
塾代はかかったけど中学は3年間で146万円+塾代80万円高校は3年間で137万円+塾代40万円くらい
大学は上の子は国立文系で230万円下の子は私立で450万円
これは4年間の学費ね!
2人分だから金額は倍ね!
2人の中学・高校
806万円
+
2人の大学学費
680万円
養育費はあれから多分2人で2300万円くらいかなと思うので全部で3800万円くらいかかったんじゃないかな
中学から大学を出るまで
約3800万円
途中でNISAを下ろして学費にあてることもあったよ
でも夫の年収も毎年少しずつ上がったからなんとかなったの
やっぱりお金かかるのね〜!

途中で子どもも独立したから
2人暮らしにちょうどいい
コンパクトな物件に
引っ越して
家賃が減ったのも
大きかったかな
結局ずっと賃貸だったけどね
独立
長男は栄美が48歳のとき
長女は栄美が55歳のとき
それで100万円くらい貯金できたかも
そんなわけで普通預金も1100万円貯まってたわ
食費も光熱費も減ったんだ〜
1100万円
で、これからはどうするの?
育児のお悩み相談サービスと手芸はまだ続けられると思う
英樹の資産運用も続けていくし贅沢には興味がないから夫の退職金1000万円を合わせれば1950万円+α
普通預金 1100万円
NISAの積み立て（英樹名義） 1370万円
NISAの積み立て（栄美名義） 530万円
NISAの成長投資枠で米国株運用（英樹のお小遣いから毎月4万円ずつ投資） 1650万円
子どもの独立による生活費減 100万円
子どもの教育費&養育費 −3800万円
夫の退職金 1000万円
1950万円+α
そんなに油断はできないけど年金と合わせたらこれで十分かなって
英樹は65歳まで働くと言ってるし
パチパチ

次は私ね！
毎月 6万 6666円
2024年から 10万円
NISAの積み立て
3900万円
我が家はそれぞれ 2023年は 3万3333円ずつ 2024年からは 5万円ずつをNISAで 積み立てて約3900万円！
しかも智さん 独立して年収が 上がったんだよね？
そうなの～
フリーランスになって 年収500万円から 700万円になったんだ
ブックデザイナー 年収 500万円
独立
フリーランス
年収 700万円
途中で ブックデザインのほか 動画編集や Webデザインも 始めたの
でも50歳以降は 体力の低下で年収も 400万～500万円 くらいになっちゃった
50歳以降年収
400万円～500万円
私は50歳で早期退職して 今はオンライン秘書と 英訳の仕事で 年収200万円 くらいかな
50歳から
オンライン秘書
+
英訳
=
年収 200万円
年収はマイナス 500万円
そういえば車も 手放したよね？
うん
それでかなり 余裕ができたから iDeCoで資産運用を することにしたんだ

フリーランスの限度額の6万8000円を智は20年 私は10年前から入れていたから3500万円を余裕で超えそうだよ
iDeCo
6万8000円
20年
10年
3500万円超
マンションも売ったんだよね?
最近伊豆に移住したの 温泉付きの中古マンションでなんと1000万円!
マンションは繰り上げ返済して5500万円で売れたんだ 手数料がかかったけど4500万円くらい残ったよ
今後はさすがに車がないと不便なのでコンパクトカーを買おうかな
もう若くないし
で 資産の合計は?
普通預金 600万円
NISAの積み立て(美子名義) 1950万円
NISAの積み立て(智名義) 1950万円
iDeCo(智名義) 2500万円
iDeCo(美子名義) 1000万円
マンション売却&購入による差額 4500万円
1億2500万円
1億2500万円くらい! 7400万円はそのままNISAとiDeCoでうまく運用できれば年間300万円くらいは増やしていけるはず
NISAとiDeCoだから運用益から税金が引かれないのもいいよね〜
おおーっ
仕事がもしできなくなっても地方在住だしこれで十分!
サイドFIREできて大満足だよ〜

そして肝心の椎奈さんですが…
インタビュー!
私、韓国語が少しわかるようになったのよ
完璧ではないけどね
エッヘン
すご〜いやるじゃん!!
自分で勉強してみてよい本とか情報がわかるようになったから韓国語の勉強ブログを始めたんだ
シイナの韓国語レッスン
情報
情報
ブログ
このブログが人気でアフィリエイトで月1万円くらい入るのよ
月1万円
韓国語マスター
あとね韓国に行ったときに東大門や南大門の仕入れビルに行ってみたの
そこで韓国の最新ファッションアイテムを仕入れてBASEで売ってみることにしたんだ
初めは全然儲からなかったけどそのうち韓国語でうまく仕入れ交渉できるようになって
自分の韓国語勉強情報ブログにリンクを貼って人を流入させてるんだよ
今では毎月5万円年間60万円の売り上げがあるんだ
韓国アイテム
BASE
URL
¥

椎奈……頑張ったね
すごーーい!
うるうる
これがうまくいって余裕ができたからNISAで積み立てをやり始めたんだ
みんなより5年遅れちゃったけどね
売り上げは幅があってだいたい年10万~60万円×15年って感じでトータル400万円くらい
毎月3万円ずつ15年間運用して800万円!
元の貯金 30万
ブログとネットショップ開設経費 -30万
ブログ収入（月1万円×12か月×8年4か月） 100万
ネットショップ 400万
NISAの積み立て 800万
1300万円
じゃあ合計は1300万円?!
はっとりさんに言わせるとちょっと足りないかもしれないけど
推し活をそれほど我慢せずに…むしろ途中からは積極的に推し活しながらここまで貯められたの!
今はたまに韓国のガイドや韓国に関する記事のライティングを頼まれることもあってちょっとしたお小遣い稼ぎになってるんだよ
今はまだ使わないから積み立ては続けるつもり

じゃあ私たち全員…
老後のお金はなんとかなったってこと！
アハハハ
いちばん心配だったのは椎奈だよ～
あのときはっとりさんに出会わなかったら
今の私たちはいませんでした
かんぱ
はっとりさん本当にありがとう
ところではっとりさん今頃どこにいるんだろうね？
世界一周かな？
ねぇ久しぶりにLINEしてみない？
ピコン
椎奈
はっとりさんお久しぶりです！
みんな元気そうだな
クスクス

おわりに

「資産運用は１日も早く始めた方がいいですよ」とアドバイスをしても、「自分には運用するほどのお金がないから……」とおっしゃる方が５割はいます。資産運用は１００円からでもできる時代。そして、ポイントを活用してもできる現在。正しい知識を身につけて、やらない手はありません。

本書に登場した３人の女性はどうだったでしょうか？　特別に裕福なわけでもない、みなさんの周りにもいる、ごく一般的な女性だったはずです。今、貯金が１００万円しかない方でも、１０００万円ある方でも、しっかりとお金の勉強をして、本書で紹介したことを一つ一つ行動に移していけば、必ずお金は増やせます。

僕が銀行員時代に駐在したタイでは、自分の力で稼いで、好きなことをしているフリーランスや、不労所得を得て悠々自適に暮らしている投資家など、それまで僕が生きてきた〝人生に敷かれたレール〟とは全く違うレールを自分で敷きながら生きている人たちとたくさん出会いました。

それが、「果たして大企業に一生勤めることは、自分が本当にやりたいことなのだろうか？」と、僕が人生を見つめ直すきっかけになりました。そのときの出会いがなかったら、今も自分の人生にモヤモヤを抱きながら、サラリーマンを続けていたかもしれません……。

みなさんも、お金を理由に自分が本当にやりたいことを諦めないでください。それが僕からの最後のメッセージです。自分で稼ぐ力を磨くもよし。稼いだお金を上手に増やすもよし。

本書を読んでくださったみなさんが、しっかりお金を貯めて、自分のやりたいことをやり、『好きに生きる』を実現していただくために、特別なプレゼントも用意しました（詳細は本書の帯をご覧ください）。

最後になりますが、この本の出版にご尽力いただいたＫＡＤＯＫＡＷＡの中野さん、フリーランス編集ライターの上村さん、素敵な漫画を描いてくださったユリカさん、ご協力いただいたすべてのスタッフのみなさんに、心から感謝申し上げます。

そして、この本を読んでくださったすべての方へ。

『一生困らないお金』を手に入れて、『好きに生きる』を実現したそのときには、南国リゾートで一緒に乾杯しましょう。本書が、みなさんの幸せを実現するきっかけの一冊になれば幸いです。

2023年3月　はっとり

はっとり

2009年、三井住友銀行に入行。海外駐在を経て、11年目にFP&コンサルとして独立。コンサルティング実績は延べ2000人超。Twitterでは「世界一やさしいお金の話」を毎朝ツイート。開始1年でフォロワー数は13万人（2023年２月末現在）を超える。
Twitter：https://twitter.com/Hattori_bkk
YouTube：https://www.youtube.com/@hattori_bkk

漫画／ユリカ

フリーイラストレーター。青春・ピュアな恋愛漫画を中心にした、何気ない日常や小さな幸せ、人が人を思う気持ちなどをテーマに短編漫画、イラスト、エッセイ漫画を発表している。
https://www.instagram.com/yu.3113/

メガバンクで11年《ねん》働《はたら》いたけど 世《せ》界《かい》一《いち》やさしいお金《かね》の貯《た》め方《かた》教《おし》えます

2023年3月24日　初版発行

著者／はっとり

漫画／ユリカ

発行者／山下 直久

発行／株式会社KADOKAWA
〒102-8177　東京都千代田区富士見2-13-3
電話　0570-002-301（ナビダイヤル）

印刷所／大日本印刷株式会社

●お問い合わせ
https://www.kadokawa.co.jp/（「お問い合わせ」へお進みください）
※内容によっては、お答えできない場合があります。
※サポートは日本国内のみとさせていただきます。
※Japanese text only
定価はカバーに表示してあります。

ISBN978-4-04-897554-4 C0033